失敗しない ラーメン店 開業法

ラーメンプロデューサー
宮島 力彩

旭屋出版

ラーメン店を開業する上で、最も重要な知識と技術は、店を続けるための知識と技術！

　ラーメン店を開業する人のパターンとして多いのは、ラーメン店に勤め、そこで調理法などを学び、その味をベースに開業する。あるいは、ラーメン店に勤めながら食べ歩きをして、時流の味を研究して独立開業するパターンだ。

　ほとんどの人が、開業に際して、「この味なら、売れる」と思って開業する。しかし……。

　現実は、思惑通りにいく店は、ごくごく少ない。

　せっかく時間をかけて習得した「味」が、独立開業した場所の顧客に受け入れられないことが多いということであり、また、「味さえ良ければお客は集められる」ことはないということだ。

　開業を目指して、自分の気に入った味だけを追求する人が多い。

　だが、成功するには、「最低は３年は数軒のラーメン店で働いて、その店のいい点も悪い点も客観的に見て、自分の気に入った味の店のやり方だけでなく、いろいろなラーメン店のやり方、味作りを研究することが大切だ。

ラーメン店に限らずだが、その業界のことをよく知り、その業界で成功するためには何が必要かを自分でつかんで開業したい。

　レシピをおぼえたらオープンはできるが、商売を始めてから味の修正や応用ができる技術を持っていないと、飲食店は続けられない。

　オープンして思惑通り集客できなかったら、立地に合わせて味の修正を早急にできなくてはならない。また、最初は好調だったとしても、永久にその味がウケるとは限らない。売れる味でも、ブラッシュアップは不可欠だ。それができるためには、レシピの背景にある「味の組み立ての基本」、「ラーメンの味の構成の理解」も知らなくては、「次の味」に展開していけない。

　ラーメン店を開業するためには、開業のための知識と技術が大切なのではない。それより重要なのは、「ラーメン店を続けられる知識と技術」を学ぶことだ。

Contents

002 ラーメン店を開業する上で、
最も重要な知識と技術は、
店を続けるための知識と技術！

第1章

006 # ラーメンQ＆A

008 開業前の不安・迷い

036 開業準備中の困惑

045 開業した直後の不安

第2章

054 # 「ラーメンの味」の
考え方・とらえ方

058 ラーメン店にとって「味」の位置づけとは。

073 既存店の「味」を維持・発展させる
ために大切なこと。

失敗しない ラーメン店 開 業 法

090 第3章
コンセプトを
見直せる店が
生き残る

092 味以外も含む全体の魅力を自身で考える。

098 コンセプトは状況に合わせて再構築する。

116 第4章
ラーメン店開業後
の落とし穴

154 付録
海外でラーメン店を
開業するときの基礎知識

第1章

ラーメン
Q&A

ラーメン学校に通う生徒さんから、いままでよく受けた質問を集めました。

　質問に回答をすると、多くの人が驚きます。想像していたこと以上のことを耳にするようです。

　多くのラーメン店開業希望者の質問を通して、ラーメン店開業に対するカンチガイ、誤解、甘い考えがないかを、まずは、確認してください。

開業前の不安・迷い

ラーメン屋って、ほんとに儲かりますか？

どんな形態でラーメン店を開業するかにもよります。最近のラーメン店では、「味」へのこだわりを重視するあまりに、原価率が高くなっている傾向にあります。

ラーメン業界の競争激化や、この業界独特の次はどんな「味」がくるか、その次はどんなラーメンだろうかと、ラーメンのトレンド変化著しい傾向があります。

他店が使わないような特選食材等を使用したラーメン作りを行うために、原価率が必然と高くなってしまっています。

ひと昔前であれば、その食材へのこだわりが他店との明確な差別化となったので、その分、宣伝広告費は費やさなくても済んだのですが、現在ではどこのラーメン店もこだわりだらけとなってしまって、この考え方も通じなくなってきました。

あえて申しますと、ラーメン一杯当たり千円台半ばから千円台後半くらいの価格帯でないと、今日のようなこだわりラーメンを販売し続けることは難しいのではないかと思っています。

私のラーメン学校には、毎年海外から大勢の方々が学びに来られ、私自身も海外にご指導に行く場面も増えてきました。

外国から日本のラーメン業界を客観的に見られるようになって

思うようになったのですが、実は海外でのラーメン価格はそのくらいなのです。レートの違いこそあれ、材料原価は日本とそんなに変わりません。そのために、海外では儲かるからラーメンビジネスが盛んなのです。

　日本のラーメン屋の起源を考えた時、屋台で売るスタイルがその始まりでした。ラーメンはあくまでも庶民が気軽に食べられるもので、ラーメン屋さんは庶民の味方なのです。そのラーメンレシピは、焼豚以外は比較的安価な食材で、スープを作る際に焼豚も一緒に仕込んで、その焼豚の味付けをしたタレが、そのままラーメンのタレというような現在の作り方からすると、一見、単純なものに思えるものかもしれませんが、商売としてラーメンをいくらで売るかという視点を欠くことがないので、今よりもはるかに商売感覚が成熟していたと言えるでしょう。

　売値に見合うように、現在のラーメンの質を下げてしまうのは、既に難しい状況でしょう。

　それだけの食材原価でラーメンを作るのであれば、売値を上げる努力をするか、安価な食材料で、質の高いモノを目指すかということになります。この場合の質とは、食材の良さではなく、一度食べたら忘れないインパクトのある「味」を作り出すという意味です。

　私はご依頼により、繁盛店の「味」を再現する時がありますが、営業面で優秀なラーメン店の「味」は、案外、安価な材料と簡単な手法で、このインパクトの「味」を見事に創造していることが多いです。

第1章

ラーメンQ&A

開業前の不安・迷い

 個人で開業するまでの流れを教えて下さい。

 まとめると次のようなものです。
①十分な自己資金の準備
②好立地の物件の獲得
③オープン日を予め定めない
④事業計画書の作成
⑤公的金融機関等からの借入手続き
⑥店舗コンセプトを構築
⑦店舗工事の着工とオープニングスタッフの募集
⑧開店準備
⑨プレオープン
⑩開店に向けての最終調整
⑪告知なしでの開店
⑫開店告知

　まずは、好立地の物件を獲得することです。開業を志しても今回良い物件、納得のいく物件が見つからなければ、開業計画自体を延期すべきなのです。
　好立地の物件が確保できたのであれば、準備万端で臨むためにも、予めオープン日を定めないということが重要となります。

なぜ、オープン日をしかも早めに設定してしまうのか、その最大の理由は資金力の不足が主な理由ですから、ラーメン店の独立開業を志されたその時から、計画的に自己資金を蓄えておくことが必要です。

また、自己資金が十分でも、公的機関からの借り入れも行ってください。

借入した開業資金を返済することで、貴方と貴方のお店に実績が付いて、本当に必要な時に借入れがスムーズになります。

なお、自己資金を蓄える際には、必ずご本人名義の通帳にその実績が記されていることが肝要です。

これまで、マーケティングや企画関係のお仕事に携わっていない方が、事業計画書の作成、店舗コンセプトの構築と聞くと、なんか面倒で難しそうに思われるかもしれませんが、これらはご自身が考えることが重要です。決まった書式やホーマットに捕らわれずに、自由な発想で何度も作ってみてください。ラーメン店の開業に関して最も面白い部分でもあります。

工事の着工に前後して、オープニングスタッフの募集と確保、トレーニング等の一連の準備が済んだ時点で、関係者だけでプレオープンをできれば三回くらい行ってください。

このプレオープンには、ご近所さんやお店のお客様になる可能性の高い人達を絶対に入れてはなりません。よく工事期間中に迷惑をかけたからとか、隣のマスターと仲良しになったからと言って、このプレオープンにお招きするケースがありますが、それは禁物です。ご近所さんは既にお店にとって利用率が高いであろうことが予想されるお客様だからです。

開業前の不安・迷い

　それに引き換え、お招きする側は、無料招待していることで油断があったり、まだ練習気分の場合もあります。多少の失敗は許されるだろうなんて考えていますが、初めてお店を訪れる方達は、そのプレオープンがお店の第一印象であって、有料であろうが無料であろうが関係ありません。

　あくまでもプレオープンはお客様になる可能性の低い、遠くの知り合い等で行うべきなのです。実施の際には、必ずシャッター等を閉めて外からは見えないようにしてください。地域のお客様が知らずに入店しかけた場合に、今日は関係者だけですと言われたら、決して気分が良くありません。

　また、プレオープンで集まった方達から、ご意見を頂戴する場でもありません。もう商品は決めているのです。プレオープンの目的は本格的にオープンをする前に、お店側として気づかなかった部分の総点検をするために行っているのです。

　総点検後に、修正をして準備万端の状態となってはじめて、お店をオープンさせますが、そのオープン日も予定していた開店時間に明ける必要はないのです。お昼の二時過ぎからでも夕方4時からでも問題ありません。今日から本番だとなれば、オーナーさんもスタッフもガチガチの状態なので、むしろお客様が殺到しない時間帯の方が良いのです。

　私は、本番のオープン状態が全て整った段階で、スタッフ全員でしばらくディズニーランドにでも行って来て下さいと言います。

　予め日程を決めずにオープン準備をしていても、やはり頑張ってしまいますから、ちゃんと休んでいなかったり、ストレスが溜まっていたりで、本来大切な笑顔が出なくなっているからです。

余裕をもって営業するためには、心身ともに余裕を保つ必要があるのです。

そして、初めて入店されたお客様に、まずは全力でサービスするのです。あとはその繰り返しです。この余裕を保った状態でしばらくの期間、営業できれば、全員が慣れてきます。その頃にオープの告知を行えば良いのです。

オープンしていつまでも、あまりお客様が入っていない様子が目立つのも良くありません。暇なお店＝美味しくないお店に見えるからです。

お客様によっては「あれ？此間からオープンしていたでしょう」となりますが、何も悪いことはしていません。その際には、「ハイ、今日からオープンの気持ちです」と胸を張って言えば良いのです。オープンセールと言いましたが、半額セール、割引セールは一切行わないことです。お客様のほとんどが割引だから、半額だからという理由で、来店されている訳ではありません。新しくできたお店はどんなお店なんだろう、どんなラーメンなんだろう、という気持ちで来店して下さっているのです。

また、安いから行こうというお客様のためのラーメン店を目指している訳ではありません。

オープン後、しばらくの間は、売上高や利益、ましてや客数が目標ではありません。お店の評判作りが最も重要な仕事なのです。

開業前の不安・迷い

> **Q** 大変なのは分かっていますけど、どのくらい大変ですか。

ラーメン屋を志す前に、どれだけの人がラーメン屋について本当の現場を知っているのかと思います。そのほとんどの方がラーメン屋のイメージがマスコミ情報からの想像でしかありません。

開業動機は人それぞれですが、何か飲食関係で独立をと考えた時に、「包丁を使ったことないからラーメン屋かな」、「居酒屋だと酔っ払いを相手するのが嫌だから」という消去法で最後に残ったのがラーメン屋という方もおられました。

また、大変なのは分かっていますと言われる方々も、「恐らく大変なのだろうな」というイメージの方々が多く、実際にラーメン屋を開業してみて、その大変さが自分の想像を超えていたことに、初めて気が付かれる方もいらっしゃいます。

もちろん、比較的簡単にラーメン店が開業できる方法はあります。フランチャイズシステムに加入するのも、その一つの方法ですが、様々なノウハウ提供や本部からの支援を受けられる分、契約金やロイヤリティ、食材の購入義務等があり、営業後には一定の売上高を維持できないといけません。

その他、ラーメンに用いられる食材のほとんど全て、麺・焼豚・スープ・素ダレは業者から購入可能です。これらの材料を上手く

活用すれば、現場の作業はかなりの部分が削減されて、体は楽になれるでしょう。

　しかし、このようなお店は、お客様から見てラーメン店として特別な魅力を感じさせません。駅中やビジネス街のランチタイム等を狙って、安さ・手軽さをアピールする営業形態となりますので、ある意味で出店場所が限定されてしまいます。

　ラーメン屋業の開業の仕方は様々ですが、ラーメン業界の裏も表も知った上で、本当に自分に合った仕事なのか、自分の理想の業界なのか自問自答して判断すべきでしょう。

開業前の不安・迷い

Q ラーメン店経営にとって大切な仕事は何ですか。

A ラーメン店経営にとって大切な仕事は、まずは資金繰りができていることです。お客様に美味しいラーメンを提供して喜ばれる。それは当たり前のことで、経営のほんの一面的な事柄に過ぎません。

要するに給料日に従業員の給与がきちんと支払えるのか、支払い日に業者さんへの支払いができるのか、家賃は滞っていないか、ということです。

様々な夢を語るのは良いですが、最低限、事業主としてこれらができていることが、ラーメン店の事業主として、まずは肝心なことなのです。最低限これができてラーメン店の経営者と言えるのです。

Q ラーメン店の成功の秘訣を知っておきたいです。

A 一にも二にも、まずは立地選定からです。立地の悪さは「味」では補えないものと思って下さい。

憧れのあの「味」が再現できれば、そのまま自分のラーメン店も繁盛店となれると、そんな風な理想を描いておられる方々が実に多いです。

そんな生徒さんにはまず、理想の「味」の再現と、繁盛店づくりとは、まったく別のことと申し上げます。

まず、繁盛ラーメン店づくりに欠かせない要素の第一は、お客様が来店しやすい好立地の物件が取得できるか否かにかかっています。

その立地で、地域のお客様にラーメン店として何を提供していくべきかを踏まえて、ラーメン店を出店した際の繁盛店づくりを組み立てていくのです。

ラーメン屋を目指す方々は、他の飲食ビジネスと比べて、立地選びを重視しない傾向が強いようです。旨いラーメン屋にはお客様が探してでも来てくれる、と思い込んでいる人が多いようですが、これもメディアからの影響を受けています。実際にはそんなことは起こりません。

「そんなことは無い、実際に悪い立地で流行っているラーメン

開業前の不安・迷い

店が地元にある！」と言う方もおられます。確かに悪立地でも見事に集客に成功しているラーメン店は実際に存在しますが、そういうお店は、東京近郊等の人口密度の多い地域か、地方でも既に親子代々永年営業をなさっている老舗の名店であるケースが多いです。

　貴方がこれから開業することを一般のお客様は、まったく知りませんし、興味もありません。これは当たり前なのです。そんな状態で立地の悪い場所で勝負をかけるのは、まさに無謀なのです。ラーメン屋での成功を目指すのであれば、好立地を選び抜くこだわりも必要なのです。

自己資金内で開業したいですが、どのくらいの資金が必要ですか。

 先のご質問にも関係しているのですが、ラーメン店の開業を志している方々に多い誤解は、飲食業の中でラーメン店が最も低資本で開店できるとの思い込みです。

私のところに来られる方々も自己資金は300万円〜500万円程度という方が最も多いです。

ラーメン屋だけが他の飲食店よりも比較的低資本で開業できるというのは、まったくの誤解です。ラーメン店は屋台のイメージが強いからでしょうか、ラーメンがあまりにも身近な食べ物であるがために、そのラーメン店を始める際の準備資金も、ついつい低く設定しがちです。元々の準備資金が少ないために、結果として立地条件はある程度妥協して出店してしまうというケースが多く見受けられます。

初めはここからのスタートだ、ここを繁盛店にしてから、2号店はもっと良い立地でやろうよ、となるのですが、これはまったく本末転倒です。

ラーメン屋を開業するということは、立派なビジネスを創業するということです。それに見合うだけの充分な資金の準備が必要

なのです。

　私の場合には、資金的に問題がなくても開業資金の借り入れをお勧めしています。資金量の多さは、開業手段の多さだからです。

　限られた自己資金なので予算内で納めたいというのは、サラリーマン時代の発想で、独立開業を目指される方はそのサラリーマン発想を完全に拭い去り、外部の資金を上手く調達してビジネスを軌道に乗せていくという起業家発想への転換が必要です。常に借金できている状態が健全なのです。

仲間とラーメン店を始めたいですが、いいですか。

 複数での共同経営は基本的にやめた方が良いです。経営の責任者は明確にして、貴方自身がワンマン経営者になるべきです。共同でというほど無責任なことはありません。

経営に共同参画してくれる気持ちは大切にしつつも、あなたがワンマン経営者であるべきです。

ラーメン店経営も実業である限り、セオリー通りにしても上手くいくこともあれば、そうでない場合も多々あります。結果責任を明確にしてこそ、前へ進んで行けるのです。

開業前の不安・迷い

コンサルタントの手を借りたほうがいいとも聞きましたが、どうでしょうか。

開業に際して、外部の知恵は上手く活用すべきですが、私のところに来られるまで、実に様々な開業セミナーや、飲食コンサルタントからのアドバイスを受けてこられる方がおられます。

初めての事なのでいろんな人からの情報やアドバイスを得たいと思うのも無理もありません。

しかし、中にはあちこちでアドバイスを受ける度に、ご自身の考えがコロコロ変わる方がおられます。慎重というよりは、失敗したくない、もう後がないとの思いが強すぎる方によく見られます。

まず自分自身をしっかりと確立させておくべきでしょう。同じアドバイスでも、アドバイスを受ける側の成熟度に応じて、得られるものが違うと言えます。

優れたアドバイスには、必ず何らかの気付きがあるものです。気付いて、その事柄を自分で熟考してみてください。

アドバイスを自分のモノにできるか否かは、貴方次第です。そうでなければ専門家から100のアドバイスをもらっても、ただの良いお話しくらいにしかならないでしょう。

> **Q** 以前、あんなに流行っていたのに、なぜ、暇になるラーメン店があるのですか。

はい、確かにそんなお店が存在します。ある有名店主がテレビで言っていましたが、大行列ができている超多忙時期に、「スープを薄めて提供していました」と、暴露していました。あいつバカだなと思うかもしれませんが、繁盛している状態が続くと、この繁盛は永遠に続くものだと人は勘違いする生き物なのでしょうか、程度の差こそあれ似たような話は多々あります。

人の振り見て我が振り直せ、の言葉通りで今繁盛しているラーメン店の経営者は、常にご自身を戒めて欲しいです。

衰退の原因は常勝時にこそあります。常勝時にラーメン店として何をすべきか、常に新たな目標を設定して常にさらなる高みを目指して行って欲しいものです。

開業前の不安・迷い

Q 自分の好きな「味」のラーメンを売るべきか、それとも家系や二郎系など有名なラーメンを売るべきでしょうか？

自分が好きな「味」というよりも、自分で納得できる「味」を売りなさいです。

ラーメン店の仕事ははっきり申し上げてキツイです。ただ単にこの「味」が好きだからといった理由では、高いマインドは維持できません。

また、コンサルタントにアドバイスを受けて、この地域では家系ですよとか、二郎系がウケますよとか、自分が納得しなくても専門家の言われた通りにやってみようでは、フランチャイズに加盟しているオーナーさんみたいなものです。

ラーメン店を営んでいる方なら分かりますが、売る側の強い思いはお客様に伝わるものです。ご自身が納得したラーメンの「味」で、これを売るんだという強い気持ちが必要です。

どんなラーメンが流行しているか、また、これからどんなラーメンが流行るか、教えてください。

 ネット上やラーメン情報誌等では、次に何が来るというような話題が書かれたりもしていますが、ラーメン屋を営む側としては、ほんの参考程度で余り考慮する必要はないと思います。

　ラーメン業界は若手お笑い芸人の世界に似ていると、私は思います。次に何が来るかというような興味半分の事柄は、食べ歩きの際には楽しみで良いかもしれませんが、お店をやる側としては余りとらわれる必要はないでしょう。

　流行りはいずれ廃れるものです。それだけ他の飲食関係よりも、この業界がマスコミと近い証だと思います。次に来る（次に何が流行る）かは、その次には古いラーメンとなるということです。また東京を中心とした関東圏がラーメントレンドを発信していますが、その流れに地方は付いて行っていません。東京で流行っていたからと地方でやっても全く見向きもされないという現象は多々見受けられます。

　確実にブームが到来してから、お店に取り入れるか取り入れないかを検討されればよいですが、流行るラーメンが必ずとも繁盛店の必須要素ではないと言えます。

開業前の不安・迷い

どこに「個性」を出した
ラーメン屋にするのが、
いいですか。

すべてにおいて個性を反映した方が良いでしょう。提供するラーメンの味、丼・器、サービス、お店の雰囲気、等、お店側としての主張を常に意識した方が良いです。

ラーメンを目指す方は、「味」への個性以外には、あまり意識をされていないようですが、創業者である貴方の哲学・考え方をお店に繁栄させることは重要です。長時間お店で拘束される貴方にとっても強いマインド維持につながります。

ちなみに、創業当初は、創業者個人の個性、次の段階ではその個性に共鳴してくれる仲間が集まり、その仲間が増えれば、みんなで共鳴できるお店の個性を定める。と、いった具合です。個性は全てにおいて必要な要素です。

選んでもらえる。興味を引く、忘れられない、他とは、ちょっと違う個性を意識すべきでしょう。

しかし、個性もあまり個性的過ぎますと、お客様に敬遠されるので要注意です。少し目新しいくらいが良いと思います。

> **Q** 開業して、1〜2年で
> 失敗する原因の
> ベスト3は何でしょうか。

第一に挙げられるのは、開業時の準備不足でしょう。スープがまだ完成してないけれども、もうオープンチラシを手配したので、店を明けちゃえよ——オープン日にこんなことをやるオーナーさんは実は少数ではありません。

自分でラーメン店をオープンさせるといった経験をほとんどの方が初めて体験します。初めてのことなので、専門書や開業セミナーに参加して色々と学びますが、予定通りに進まない出来事が多数起こります。それがために、オープンの予定に準備が間に合わないという事態も起こるのです。

対人関係でも初対面の印象が大切です。お店ならばなおさらです。オープン時の準備不足は、お店の成否を決めると言っても過言ではありません。これを防ぐためにも私共の学校に来られた方達には、予めオープン日を決めてはいけませんと申し上げています。

第二の原因として挙げられるのは、実際のラーメン屋の仕事知らずに、イメージだけでこの仕事を初めてしまったことでしょう。ラーメン業界のイメージをほとんどの方達は、マスコミから情報

を中心に得ています。ある意味で洗脳されています。

　テレビでは、ある不採算店があってそこのお店は非常に汚くて、ラーメンも美味しくない、そこで奮起して、まずお店をピカピカに掃除、特選食材を使ってスープを一からきちんと下処理し、寝る間も惜しんで作った結果、おいしいラーメンが完成、大繁盛店になるといった風な映像が良く流れますが、現実とは大きくかけ離れています。

　その業界に参入するのなら、その業界の裏も表も知り尽くして算入すべきなのです。ラーメンという食べ物が身近にあるがために、よく知っているよという感覚で始めてしまうのが、失敗の原因のひとつでしょう。

　後は、立地選定での妥協や、資金力不足が挙げられますが、第三の原因としては、元々ラーメン店の開業までしか明確なプランを画いていない点でしょう。

　独立して自分のお店を出店するまで、実に大変な事柄がたくさんあります。開業までの具体的なプランはお持ちだったのですが、開業後の１か月後、２か月後、１年後、２年後、どんな場面で、どうするのかという中長期のプランをお持ちでない方が実に多いと感じます。

　オープンしてしばらくの間、大変な日々が続きますが、ガムシャラに仕事をこなしているだけで、その後オープン景気も治まった後には、「じゃあ、次は何するの」と言う感じになってしまっています。

　本来の目的は、末永くラーメン店を続けることなのですから、長期的な視点で開業計画をしておくべきでしょう。

ラーメン店のお客様は、どんな客層ですか。

 ラーメン業界においては、ビジネスマンや家族、年齢層等のいわゆる客層とは別に、そのご利用目的別にお客様を分類できます。

①有名なラーメンブロガー等のセミプロ的なラーメンマニア

初オープンのお店には、その最初のお客様として必ずやって来る熱烈なラーメンマニアのかたが来店されます。一見さんなのですが、お店にとってはオープン情報を初めに広めてくれる貴重な存在です。

彼らの最初の書き込み等がオープン景気にも少なからず影響を与えます。書き込みや、思わず写真を撮ってアップさせたくなるような仕掛けづくりを当初から意識してお店作りに反映させることが肝要です。

②一般のラーメンマニア

一般のラーメンマニアも次から次へとやってきます。ほとんどが一度きりの訪問に終わることが多いのですが、お店情報をさらに広域に拡散してくれる存在です。
ネット上での書き込みの評判よりは、ネット上の書き込み件数が少ない方が問題となります。彼らにまた再訪問をしたい、再度

チェックしたいと思わせられるか、思わせられないかが、自店が魅力的かそうでないかの一つの目安となります。

③情報にある程度誘導されるお客様

　ある程度、ネット上の情報もチェックして来店されるお客様がおられます。食べ物に関して日本人の場合には、性別や年代別を問わず、「どうせ行くなら失敗したくない」という傾向が強いように思います。例えばテレビで取り上げられたラーメン店が一時的に忙しくなるのも、この傾向のお客様が増えるからです。特徴としてはお店側独自の販売促進ではなかなか動かない客層です。

④一般のお客様

　メディア情報やネット上の書き込み等には、まったく興味がないお客様で、普通のラーメン店には最も多いお客様です。お店の近くに住んでいるか、仕事をしている方々なので、お店としての日頃の心掛けと努力が最も反映できるお客様達です。

　このような利用目的でお客様の分類ができるのも、ラーメン業界が他の飲食店とは異なるという要素でしょう。

　実際の数としては、把握するのは難しい事柄ですが、出店地域を絞り込む際には、その地域の特性を感覚的に掴んでおく必要があります。

　現在、営業している地域では大体どんな感じで構成されているのか、これから出店をお考えの場合には、例えば、自分のこだわりのラーメンをアピールしやすい立地はどこなのかを考える時に、このお客様の分類も意識すると良いでしょう。

Q どんな宣伝をしたらいいですか。

A やはりオープン時のお披露目が最大の宣伝機会となるでしょう。

住宅地等でお店を開店される場合には、連休前の新聞折り込みチラシ等が、今でも有効です。しかし、オープン景気が一段落した後では、一般に広告はあまり効果が期待できません。

広告費用をかけるよりも、当初の第一印象を如何に良くするかです。

その後は Facebook や LINE のような SNS の活用をお勧めします。

商品であるラーメンを軸に、宣伝で集客、店内ではラーメンの味と接客・お店の雰囲気等で、日頃からのお客様とのつながりは SNS の活用という感じで、様々な手法をミックスしたお店独自の広い意味での宣伝活動が、これからのラーメン店の宣伝と言えるのではないでしょうか、オープン当初に地域のお客様をしっかり獲得し、良い評判を徐々に広げていく、決してオープン景気に終わらない、お店として勢いが持続できる仕掛けづくりが必要です。

開業前の不安・迷い

ラーメンの種類は
どのくらい用意して営業
した方が良いですか。

お店のオープン時は、ラーメンの種類を絞った方が良いす。お店として代表的な一杯を強調してアピールした方が、お客様の印象に残りますし、お客様から見ても専門店という良い印象が得られます。

しかし、必ず、飽きる、目新しくなくなってくる、という現象は起こります。定期的もしくは不定期でも様々な限定ラーメンをメニューとして出して行くことが必要です。

お店としての鮮度が保てますし、その都度のラーメントレンドも反映できて、お店の陳腐化を防げます。

オープン時は、自身の一杯を強調する。しかしレシピは豊富に用意した方が良いでしょう。

> **Q** 女性ひとりでラーメン店を
> 開業するのは、
> 無理ですか。

女性お一人でもラーメン店はできます。問題有りません。

女性お一人で営んでおられるお店は、実際にあります。ラーメン店で、こうしなければならないという特別なルールはございません。自分の使いやすいように初めからお店作りをすれば良いのです。

男性では気がつかないようなに女性ならではの視点もお店の個性となりますので、顧客の印象に残りやすく、出店地域でアピールしやすいでしょう。

開業前の不安・迷い

 人気ラーメン店の近所に
新規オープンするのは、
いいですか。

 その人気ラーメン店の立地条件にもよりますが、私なら人気店の近くだからと言う理由であえて出店するようなことはしないでしょう。

出店する場所を選定する際に、お客様が見込めるか否かで判断すべきです。もともと立地的には良くなかったけれども、そのラーメン屋さんだけが大繁盛しているような場所であれば、わたしなら出店しません。それは「味」で勝ったとか負けないではありません。

恐らく比較的遠方からでもその有名店に目的を持って食べに来ているお客様が多いはずです。その近くにラーメン店を出店しても、その集まってきているお客様の目的に貴方のラーメン店は、元々そぐわないということになります。

その有名店が出店している場所が、ラーメン屋が多い通りや、繁華街等の集客が望める場所であれば判断は別です。

最近の傾向では、自分のイメージに合うような物件情報がなかなか出てこないとよく聞きます。

根気よく物件を探すことでしょう。そして、これはと思う物件が有れば手付金でもうって朝から晩までの人の流れを見極めて、好立地と判断すれば直ちに契約することです。

物件選びから、競争が始まっていますから、好立地の店舗は奪い合いなのです。くれぐれも出店立地に妥協は禁物なのです。

どのような場所が好立地といえるかですが、一般に角地、いろんな客層が望める地域とか、お金を使うつもりで大勢の人が集まる地域とか言われますが、要するに長時間お客様の目につく場所というのが大切な要素です。

どうしても今回、良い物件が見つかないのであれば、今回の開業予定は見合わせるか、条件を引き上げて探すことでしょう。

開業準備中の困惑

そもそも何が良い物件なのかが分りません。立地が悪くても、「味」さえよければやっていける商売なのではないですか。

立地の悪さは「味」で補えません。ラーメン店を目指す方に多いのですが、「味」が一番で、その他の事柄にはほとんど関心のない人が多すぎます。

美味しいお店＝繁盛店ではありません。ラーメン作りへの情熱同様に、物件を見抜く目も培ってもらいたいものです。

本当にまったく良い立地なのか、悪い立地なのかが判断できない、分からないのであれば、独立開業そのものを一旦考え直した方が良いでしょう。

他人に言われるがまま契約してしまう危険性がありますから、人生をかけてラーメン店を開くのですから、出店場所は自分で自信をもって決めるべきことなのです。

戦いの場所は自分で選び抜け、立地に妥協なし、良い物件がなければ、開業予定は伸ばせ、です。

事業計画書を書くのが面倒です。誰かにやってもらっていいですか。

数字が苦手で、あるいは書くのが面倒臭くて、と言うような理由で開業計画書を他人に作ってもらう人がいますが、これは事業の要の部分になりますので、絶対にご自分で作ってください。

芝居や映画の脚本と同じで、ラーメン店の事業が良くなるも悪くなるも、まずはこの台本（計画書）次第です。

開業を目指す人の具体的な目標が、ラーメン店のオープンまでとなっている方が実に多いです。

オープン後の一週間、一か月、三か月、半年、一年とお店の成長期、安定期、までの見通しを計画しておく必要があります。店舗づくりは長期展望と仕掛けづくりまで、具体的なストーリーを起業以前から画いておくべきです。

開業準備中の困惑

自宅でラーメン作っています。良いモノができるので自信があります。

自宅で美味しいラーメンが作れたから、ラーメン屋ができる、これはまったくの幻想です。まだ、ラーメンを作ってみましたという段階です。

この「味」、あの繁盛店より旨いラーメンが作れたと、出店を考える人がいますが、まったく無謀というより他ありません。ラーメン業界の裏も表も知ったうえで、本当に自分に合っている業界なのか否かを考えるべきなのです。

余談ですが、ラーメン店の開業を考えている人は、自宅でも大量の食材を使って試作に取り掛かります。

そのために多くのスープや麺・焼豚が余ります。もったいないからと、それを家族や友人等親しい人達に食べてもらうのは考えものです。

もしも貴方が本気で開業を考え・行動した時に、家族や友人にも協力してもらう場面があるかもしれません。

その際に、日頃から不味いラーメンしか食べさせてもらっていなければ、貴方ならどう思うでしょうか、「本番は大丈夫だから安心してくれ」と聞かされて、安心できるのでしょうか？協力して欲しい人達に体を張って止められるという場面もありえます。

大切な人には終始一貫、自分が本当に旨いと思うラーメンしか食べさせてはならないのです。

> **Q** 店舗の工事業者は、三社くらいの相見積もりを取ったほうがいいですよね。

 開業本にはよく見積もりは三社くらいから相見積もりを取りなさい、と書いてありますが、実際には時間の無駄になる場合が多いです。まず三社くらいを見つけるまでに時間を費やすことと、三社に見積もりを依頼しても工事代金が変わらないこと、業者の中には相見積もりと分かれば、見積もり自体を出してこない場合もあり、待っている間に時間の浪費となる場合があります。

よく知っている業者があれば、そこに依頼するのも良いですし、なければ信頼できる人物からの紹介業者でも良いでしょう。

見積もりをお願いする際に、「一応相見積もりは取らせてもいます」とだけ告げれば良いです。

工事業者によって得意・不得意があります。ラーメン店の工事は得意ですと言いながらも、普段は住宅関連の仕事がメインで、以前ラーメン店の工事をしたことがあるだけの内装業者もいます。ラーメン店舗の工事経験は豊富にあるかもチェックしておきたいものです。

また、相手がお店作りの専門家と思っても遠慮しないで、ご自身のイメージを積極的に伝えるべきです。

開業準備中の困惑

なかなかアルバイトやスタッフが集まりません。

どこのお店も頭を抱えている問題です。求人広告をいくら使っても一向に問い合わせが有りません。費用がかさむばかりだと嘆いておられます。比較的効果の高い方法としては、オープン工事期間中、オープン準備中の張り紙です。

この期間中は案外注目度が高く、どんなお店ができるのだろうかという感じで見ているわけです。また同じ働くなら新規オープンのお店を選ぶ人が多いです。

あるラーメン店オーナーは普段から、優秀な人材を見つけた時には自店へ誘いの声かけをしているそうです。直ぐには効果がないのですが、折を見て声かけすることで、気持ちが変わっていくものだと言われます。このように貴重な戦力を確保されるケースもあります。

個人店の場合には、家族、親友が当面の間は即戦力になってくれるケースも多くありますが、一般の従業員の方達も、同様に普段から丁寧な言葉づかいを心掛けておいた方が良いでしょう。

お互い遠慮がない分、忙しい時、とっさの時等にお客様から見て、少しきつい言葉づかいに感じてしまうことがあり、お店の印象を損ねる原因ともなります。

> **Q オープン日をどう決めれば良いですか?**

 まずオープン日を予め設定して、開業準備を進めていきなさい、こう言うと聞こえが良く、その通りだと思われるかもしれません。

我々は小学生の時から、何事も予めスケジュールを決めてやりなさいと教わっています。そういう素養が社会人として組織人としては求められたからでしょうか?

従って、皆さん予めオープン日を決めたがる悪い習慣をお持ちであると思います。

オープンの日は、お店の成否が決まる運命の日です。まずは、周囲のお客様との信頼づくり、お店の評判作りがお店の将来にとって最も大切なことです。

通常、オープン日からしばらくの間、オープン景気ともいえる忙しい日々が続きますが、この時に来店されるお客様がおられる地域の方々が、実はお店の利用率の高いお客様なのです。

もしも、お店の印象が悪ければ、二度と来てくれないでしょうし、周囲の人にも、あのお店良くなかったよと伝えます。何故そんなことになるのか、全ては準備が不足していたからです。

いつオープンするのかは、決まっています。成功するビジネスは、全て顧客志向なのです。それはお店として地域のお客様に、

最高のサービスが提供できる状態になった時です。

　事前にオープンする日を決めてしまっても、初めての経験なので準備が整わないのです。準備ができていないのに、オープン日は決まっているので、決まったことはちゃんと守ろうと、無理にでもお店をオープンさせようとするのです。

　オープン日を事前決める理由としては、資金的に限界だから、オーナーに縁起の良い日だから、親戚や友達にせかされて等が多いですが、これらはその起業の第一歩から自己都合で考えているということです。

ラーメン屋の原価はどのくらいを目安にしたらいいですか。

ラーメン開業本には、ラーメンの食材原価は30％と書かれていますが、これを聞くと単純に売り上げが200万円であれば、粗利益が140万円になる商売だと思われるかもしれません。

現在のラーメン業界ではラーメン店同士の競争が激しく、しかもトレンドの変化が目覚ましいので、常に他店との差別化を意識した新しい技法や、目新しい食材を取り入れようとしているために、原価率自体が30％を超え30％台後半くらいのお店もあるくらいです。

以前であれば、原価がかかる分だけ他店と明確に差別化することによって、その分広告宣伝費を抑えるという意味合いもありましたが、今ではそれも功をそうしません。

しかも、計画段階で食材原価を単純に変動費と考えてしまうために、実際ラーメン店を経営してみると思うように採算ベースに乗らないという現状が有ります。

手作りのウエートが高ければ高いほど、食材原価には変動費の部分と準固定費の部分があります。また、食材原価も毎回変わるのです。当初計画した標準原価はあくまでも予想であって、本当のお店の原価、実質原価を把握して原価をコントロールすることが必要です。

開業準備中の困惑

Q 周辺のラーメン店より安く設定しようと思いますが、どうでしょうか。

まったく意味がありません。むしろ高くても良いと思います。はじめから他のラーメン店より安いからあのラーメン屋さんに行こうという店を目指すべきではありません。

余談ですが、海外に比べて、日本のラーメンは安すぎます。材料費はほとんど変わりません。でも、海外の人達からすれば、ラーメンは高価な日本食の一つだから、高くても納得します。一方で本家の日本ではラーメン店間の競争が激しく、作る側が勝手にこだわり食材を使って材料費を上げていったという現状です。お客様の側では、ラーメン一杯のお値打ち感は変わっていません。

ミシュランガイドに取り上げられる等、世界から注目される日本のラーメン業界には、日々様々なラーメン店が登場しています。むしろ、いかに値打ちを上げて高く売ることができるかということが、これからのラーメン店経営に必要でしょう。

近くにライバル店が
できたら、どうするのが
いいですか。

 やっとお店の経営も安定してきたなと思っている頃に、近くにライバル店が出店してきたという話をよく耳にします。売上げが減ってしますのではと、オーナーさんとしては内心、戦々恐々とされるでしょう。

1ヶ月～2ヶ月くらいは、ライバル店の影響は少なからず受けますが、その間ライバル店を研究し、自店の魅力を再考する時間ととらえるべきでしょう。

だいたい2ヶ月くらいで、ライバル店の影響力も和らいできます。その時期を見計らって、お店として新商品や新企画等を展開すると良いでしょう。

ラーメン店では、とかく味へのこだわりから、仕込み作業や片付け作業などの店内作業に仕事の重点と、時間が割かれる傾向にありますが、お店として地域のお客様に何ができるかを日々考えそれを実行するのが、ラーメン店に限らず店舗経営の重要な仕事なのです。

自店の日頃からのお客様への取り組みが、ライバル店が出店してきたときにこそ、その真価が問われます。

開業した直後の不安

> **Q** 店のスタッフからアイデアを募っていきたいと思うのですが、どうでしょうか。

販売促進やサービス向上のために、定期的にスタッフミーティングを行うお店のオーナーさんから、毎回自分がしゃべっているだけで、一向にスタッフから意見やアイデアが出てこないですよとの嘆きをお聞きすることがあります。

改めて場を設けると、かえって構えてしまってなかなか意見が出にくくなるものです。こんな場合は、休憩時間の雑談で自由に話してもらう工夫やアイデアノートにいつでも書いてもらうというような習慣作りをすると良いでしょう。

また、月刊「近代食堂」のような飲食店の専門雑誌などを定期的に購入されているお店では、それらの雑誌をオーナーさんだけが見て終わっているケースが多いですが、従業員の方達にこそ読んでもらうことです。

単にアイデアを求められてもなかなか出てきませんが、他店の事例を見ることで、発想のきっかけとなり、アイデアが出てきやすくなります。

> **Q** 1人で開業します。
> でも、常に1人で働くのが
> 不安になります。

 ラーメン店を経営すると、どうしても長時間の勤務となりがちで、お店とその周辺以外に出歩く機会が少なくなってしまいます。お店の定休日でも1人で仕込み作業をしている。そんなオーナーさんが多いです。1人で単純作業が続く現場ですから、ひとり孤独に悩むことが多くなりがちです。

思い切って、週に二日は休みなさいというコンサルタントもいますが、日々の売上げが気になってなかなかお店を閉めることができないのが、現状なのではないでしょうか、

誰でも、現状が悪くなれば将来が不安になり、何かと考え込みますし、現状が充実すれば楽観的となるものですが、むしろその逆で、現状よくない時には、今日は何か美味しいモノでも食べようかなと、楽観的になり、充実している時期にこそ将来への布石を打つという発想が大切です。考え込まずに考え抜くこと、そんな習慣作りを心掛けて下さい。

開業した直後の不安

Q ウチのラーメンは今風じゃなくなるのでは、と不安になります。

毎年ラーメン店を紹介する専門雑誌が各地で発売されています。それを見ていると毎年何らかの目新しいラーメン店が紹介されています。ラーメン雑誌を作る側も、何か目新しいお店、ラーメンを掘り起こそうとしているからとも言えます。

一方で、ラーメン店のオーナーさんは普段の仕事量が多く、いったんお店をオープンさせた後には、なかなか他のラーメン店には食べに行かなってしまいがちなので、気が付くとなんかウチのラーメンが古く感じてくる場合があります。

前頁の話にも関連しますが、たまには他店を食べに行ってみるとか、ラーメン以外の他の飲食店を参考にしてみるのも良いでしょう。

しかし、一般のお客様はオーナーさんが思い込むほどトレンドには左右されていないのも現実です。特に地方都市ではラーメンのトレンド等余り興味がない人の方が多いのです。

何か取り残されているような気がするそんな気持ちから、ウチのラーメンは今風のラーメン？と、昔のラーメン？と思い悩む傾向にあるのではないでしょうか。他店の真似をしないという気持ちも大切です。

店を開業してから、店の前の道路や、お客の流れが変わったら、どうしたらいいですか。

それでも来店して下さるお客様がおられるはずです。なぜ当店に来店して下さるのかを再考し、自店の周辺地域のリサーチも行います。自店の強みと弱みを再確認した後に、新たに商品・サービスの展開を考えます。場合によっては、必要に応じてお店のリニューアルも検討します

どうしても現在の場所での営業が困難である場合には、店舗の移転も検討します。こういった場合に備えて、いつでも資金調達できるような環境も整えておくべきでしょう。

Q 広告宣伝費は
どこにいくらかけたらいい？

A オープン後には、広告宣伝費はできるだけ使わないようにした方が良いと思います。

飲食店全他の平均は売上高に対して５％〜 10％くらいまでとされていますが、仕入（30％〜 40％）、家賃（10％〜 15％）、人件費（10％〜 15％）、水道光熱費（10％〜 15％）、その他の経費（10％）を引いたものが利益ですが、利益の幅が如何に少ないかが、ご理解いただけるでしょう。

実際、ラーメン店を営んでおられる方々は、広告費用の５〜 10％はとても高く感じるはずです。昔ならば、自店のこだわりをうたい文句にすれば、ある程度の集客が望めた時期もありましたが、現在では各店のこだわりも、特に注目を引くものとはならなくなってきました。広告費用はできるだけかけないようにするのが常道でしょう。普段のサービスこそ最大の広告だと思います。

> **Q ネット集客を無料で できる方法はないの?**

やはり SNS の活用でしょう。
Facebook、Instagram、LINE 等これらは活用次第では、有力な集客方法となるでしょう。

店舗経営は如何にお店の事をお客様に常に思い出してもらえるかです。今日のランチはどこで食べようか、休日の夕食を家族とどこで食べるか等、既に外出前にはほとんどの方が、決めてるようです。外食を思い立った時に、それぞれのお客様の頭のリストに載っていることが肝心なのです。その頭のリストには、何店舗もの候補がある訳ではありません。1 店舗かせいぜい 2 店舗です。お店に出かけて、閉まっていたり、直ぐには入れない時に、はじめてブラブラ歩いて他のお店を探します。

この際には、最も肝心なのはそれぞれのお客様の普段の頭の中のリストに載っているかどうかです。「忘れられない」「忘れさせない」が、キーワードです。

SNS はどれも、直ちに効果が出るのではなく、継続的にやることが肝心です。内容的には、あまり宣伝を意識しない方が良いでしょう。お客様に楽しんでいただく、もしくは喜んでいただければ良いのです。実際の店舗での接客やサービスを連動させると有効です。

開業した直後の不安

最近の新しい広告手法はどのようなもの？

インターネットを駆使した、広告媒体は色々と出てきているようですが、インターネットの時代だからこそ、ラーメン店としては人とのふれあいを大切にしたいという視点を持っていただきたいものです。

オープン当初には、お店にとって有望な顧客となる可能性が高い地域のお客様が大勢来店されます。またこの時期に集中してラーメンフリークと言われるラーメンを食べ歩いて、ネット上に書き込む人達も多数来店されます。

それらの方々が予め抱いておられるある種の期待感を、当店が上回っていれば、良い反響が地域に広まるキッカケとなります。この最大のチャンスをしっかりとモノにしなければなりません。

その後、前頁にも触れていますが、宣伝広告のみではなく、自店内での接客やお店の雰囲気づくり、SNSを効果的に連動さるのです。

インターネットが普及し、アイデア次第では、これまでになかったお店の販促ミックスとも言えるようなモノが独自に構築できる時代になったのではないでしょうか

Q どうしたらメディアから取材されるのでしょうか？

A 一般論として、他店にない何か特別な要素があるかないかでしょう。メディア側が取材をしたくなるような特別な面白みが必要でしょう。今のラーメン業界は右を見ても左を見てもこだわりだらけの状態なので、自店のこだわりだけをメディアにアピールしてもそれは難しいでしょう。

パターンとしては、大手新聞に掲載されれば、テレビの制作会社等から声がかかることが多いです。新聞に掲載されたということは、確かな情報源だろう、取材も断られることはないだろうと、メディア側は取材を申し込みやすいのです。

いきなりテレビからの取材依頼はなかなかありません。またテレビからテレビもライバル局が先に取り上げる結果となるので余りありません。ただ、メディアに出演した影響はテレビ放映された直後くらいに限定されて、その後は普段通りになりやすい。メディアに取り上げられることが、決して現状打開につながる訳ではありません。

やはり、普段のお客様へのサービスに全力を注ぐことです。

メディアに取り上げられればお店の経営が何とかなると思っておられるのであれば、それは宝くじが当たるのをひたすら待つようなものでしょう。

第2章

「ラーメンの味」の考え方・とらえ方

ラーメン店を開業するにあたり、どのよう
にメイン商品のラーメンの味を決めましたか。

　自分が旨いと思った味を目指した、修業先
の味に習った、行列店の味に習った、流行の
味を目指した……。多くの方が、こう答えま
すが、実に、これは安易なことなのです。

　売れるラーメンとは何か。メインにする
ラーメンの店での位置づけは何か。また、開
店後に「味」をどうブラッシュアップさせて
いくのがいいか。さまざまなことを踏まえて
決めるのが「自分の店のラーメンの味」でな
くてはならないのです。しかし、実際、開業
前にキチンと考えて「味」を決められる店は
少ないです。でも、「味の考え方・とらえ方」
を知っておくと、勝ち抜く方向に進めます。

新規開業時のこんな「味」の決め方が、実は安易なこと…

気に入った「味」で勝負したい！

ラーメン店の開業を志される方が、その「味」を決める際、いくつかのタイプがあります。　まず、自分の気に入ったラーメンの「味」で、開業しようとする方です。

気に入った「味」＝納得の「味」、自分自身が旨いと感じるモノで勝負したい、そう思われるのも当然と言えるでしょう。

有名店・繁盛店の「味」を再現したい。

次に、有名店・繁盛店の「味」を真似るというタイプです。

テレビや雑誌で紹介されているようなあの繁盛店の「味」が再現できれば、自分のラーメン店も同じように繁盛店になれる、そんな誤解があるようです。

コンセプトから導き出すべし!

最近、出店地域を分析して店舗コンセプトを構築し、そこからどんな「味」にするかを導き出していく——そう言われるようになりました。外部の人材とチームを組んで取り組む、ラーメン店の開業を準備ではよく見受けられます。以上。これらは実は「安易」でキケンです。

第2章　「ラーメンの味」の考え方・とらえ方

ラーメン店にとって「味」の位置付けとは。

　それではラーメン店にとって、そもそも「味」の位置付けとは、どんなものなのでしょうか。

　旨いラーメン店が流行っている。繁盛店になる。それはある種の幻想に過ぎません。

　旨いと感じるお店は、自分にとって旨いと感じる店であって、あくまで主観的な表現です。各々のお客様は自分の好みの「味」のラーメン店に通っているのです。「旨み」と「好み」は、まったく異質のものです。それぞれの「好み」は作り出せませんが、「旨み」は作ることができます。

「旨み」を構成する要素。

　「旨み」は、昆布等に多く含まれる（グルタミン酸）、煮干し・削り節等に含まれる（イノシン酸）、干した椎茸に含まれる（グアニル酸）と、それぞれアミノ酸の一種ですが、この三つの要素が相乗効果で「旨み」を増していくのです。

　ここでは、老舗ラーメン店を例にご説明しましょう。

　老舗のラーメン店では、実際に食べるラーメンだけでなく、いつものおじさんが作ってくれている安心感、なじみのおばさんが運んできてくれた親しみや、愛情といった部分までが、お客様の感じる「おいしさ」に反映されるのです。

これから新たに新規開業するラーメン店には、その部分がないのです。最近よく見かけるお店で、昭和レトロ風のデザインのお店がありますが、これにある種の違和感や、作りモノぽく感じてしまうのはそのせいでしょう。

「味」の決め方は、作り手志向か、買い手志向か!

ラーメンはそれぞれのお客様の好みに左右される食べ物です。このことは同じ麺類の、うどんや、蕎麦と比較してみるとイメージしやすいでしょう。おいしい蕎麦も、おいしいうどんも、讃岐風うどん、関西風うどん等の種類の違いはあるものの、その旨さのイメージに大きな個人差は感じません。それに比べてラーメンは、友達においしいラーメン屋があるからと誘われて食べたラーメンが、自分にとっておいしいと感じなかったという経験は誰しもあると思います。

売り手が責任を持って「味」を定める。

経営コンサルタント等のセミナーでは、「味は作り手志向ではなく、買い手志向で決めるモノ」という話をされています。

出店地域の地域特性、年齢層、味の志向を研究した上で、お店

の「味」も決めて行くべきと教えていますが、私は売り手が、責任を持って自分のお店の「味」を定めればそれで良いのだと考えています。

　誤解を恐れずに申しますと、ラーメン屋業が実務である以上、この「味」で絶対に売れますというモノはありません。

　ラーメンという食べ物は、お客様それぞれの好みで、お店を選ばれる要素が大きいのですから、「味」創りの努力と同じくらいの売る努力も必要なのです。

納得した「味」＝覚悟の「味」。

　人生をかけてラーメン屋業を始められるのですから、自分が納得した「味」で勝負すべきです。

　ただし、単にどこかで食べた「味」を真似る、気に入った「味」にどれだけ近づけるか等のレベルで決めるべきではありません。

　成功する人には色々なパターンがありますが、その共通する要素の一つとして、成功するまで、何が何でもやり遂げる信念と情熱、それに実行力です。

　年間、多くの人達が「ラーメン屋は大変な仕事だと分かっています！頑張ります！」と、ラーメン屋を始めますが、開業して数か月で、「こんなに大変な仕事と最初から分かっていれば、開業

しませんでした」と嘆く人が少なくありません。

　自分が納得していない「味」では、開業当初の想像を超える大変さを乗り越え、頑張り続けることなど、到底できないはずです。

　また、食べ歩きの際に、自分が気に入った「味」に出会ってある種の衝撃を受けたとしても、それを真似るのではなく、それはそれで開業動機としてとらえておくことでしょう。

　ここで、ある企業がラーメン業界に参入しようとしている場面を想像してみてください。ラーメンの「味」を決めるまでに、担当者が何度もテストを繰り返し、モニターによる試食会等も行ってデータを収集します。既に多額の資金と時間を費やしている状態の中で、最終的に「味」を決める時には、その企業のトップが責任を持って決めるのです。

　個人店の場合にも、様々な要素を柔軟にとらえつつ、熟慮の上で店主自身が納得して「味」を、決めるべきでしょう。それは覚悟の「味」と言えるでしょう。

メインのラーメンは、お店の四番打者。

　野球ではチームの４番打者を定めてから、前後の１番・２番・３番、５番とそれぞれの打者を決めていきます。いったん４番打者にすえれば、そう簡単にコロコロと変えない。

お店にとってメインにすえるラーメンとは、正にその４番打者のような位置づけです。

　「うちの店はどのラーメンでも旨いよ」と、確かにお店側の気持ちとしてはそうかもしれませんが、顧客から見て、そのお店のメインとなるラーメン、いわゆる一押しラーメンがなんであるのかが、そのお店を選ぶ重要なポイントの一つです。

メインのラーメンが、稼げるラーメン!

　例えば、そのお店の名前が「麺屋　金太郎」という店名であれば、金太郎ラーメンと命名しているラーメンが、その店にとっての一押しラーメンということになります。お店側として、売りたいラーメンであり、これが同時に一番人気の売れ筋ラーメンになっていることが望ましいのです。そもそもラーメン店を営むとは、飲食商売をしているということなのですから、利益を出し続けなければその営みはくずれてしまいます。

　メインのラーメンは、お店の売れ筋であると同時に利益率が良くなければなりません。

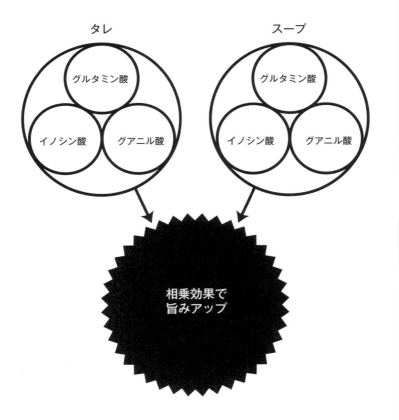

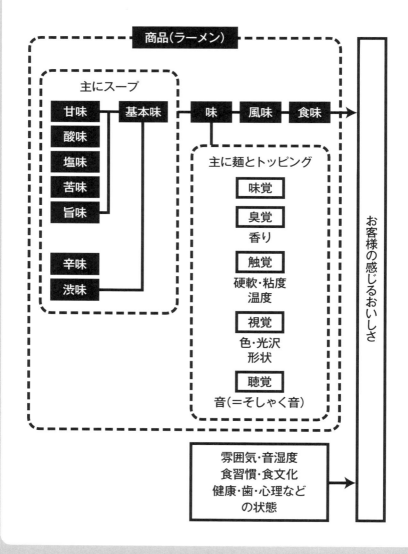

顧客の創造。

　ラーメン開発に取り掛かる前に、一般のお客様に本当はどんな
ラーメンが食べたいのですかと、訪ねてみても、そこから答えを
得ることはできないでしょう。

　あるアンケート調査では、「昔ながらのあっさり中華そばが食
べたい」という回答が、最も多かったのですが、その「昔ながら
のあっさり中華そば」のイメージでさえ、地域や個々人によって
まったく異なってしまいます。

　ちなみに和歌山では、あの和歌山ラーメンが、地元では中華そ
ばです。栃木の佐野ラーメンを大阪の人が食べても、それをあっ
さりとした中華そばとは、認識されません。

　有名な経営学者のドラッガー「企業の目的は顧客の創造である」
と著書に書いています。

　やや難解に思われるかもしれませんが、こういうことです。

　一人、一人の顧客は自分が何を欲しているのかが分からない、
お店側がひょっとしてこんなラーメンが食べたかったんじゃない
ですか、と提案して、あっこれだ！こんなのが食べてみたかった
んだ！となると、これが顧客の創造です。

　実際、ラーメン業界で誰にでも知られるような有名店や、有名

065

店主になったケースは、つけ麺発案の人、自家製麺の先駆者、極太麺にドロドロ魚介系つけ麺の草分けといった店や店主です。

　初めての食感・初めての風味、初めての「味」ではあるものの、何かクセになる。もう一度通いたくなる「味」を創り出す。その「味」で新たに顧客を創り出すのが、ドラッガーの言う企業（起業）の目的ということです。

　ラーメン店として確固たる地位を築きたいのであれば、「創り出す」という思考が大切です。難しいことですが、これも起業の醍醐味であり,楽しみでもあるととらえて開業するべきでしょう。

　ただ、私は、いたずらに目新しいラーメン、世の中になかったラーメンを作れ、と言うつもりはありません。

　100人が食べて100人が旨い、「これ好みだ」となるラーメンもあり得ないと思います。7割、8割の人が「こんなのいいよね」と、感じてくれる「味」のイメージで良いと思います。

　これらの作業は、厨房の中でのみの「味」の開発だけでは難しいでしょう。

　店づくり・接客・サービス・販売促進と経営のあらゆる側面から行う作業です。

インスピレーションは、他の食べ物から

　ラーメ店を始める人達の多くは、他店を多く食べ歩きます。これからラーメン店を始めるのですから、他のお店が気になってしょうがないでしょう。

　あくまで参考と、割り切れる人であればいいのですが、食べ歩いているうちに、自分が食べておいしいとは思わないお店が繁盛していたり、旨いと思うお店が閑古鳥だったりと、悩んでしまい、迷い道に入ってしまいがちです。同業者を食べ歩いても、結局は同じ井戸の水を汲んでいるようなものです。

　開発のインスピレーションを得るには、むしろラーメン以外の食べ物や、これまでラーメンには使われなかったような食材も試してみると良いでしょう。

「好み」は創り出せない、その一つの理由。

　私は、ラーメンの学校を運営していますが、学びに来られる方々によって、臭い・香りの反応が、まちまちであることに気づきます。これには大変個人差があります。

　こんな経験があると思いますが、ある豚骨ラーメン店に行って、

店中に漂う豚臭さを感じたとします。そんなお店の店主は豚が好きです。その程度の香りがないと旨いとは感じないのです。

　ちなみに、自分にとって良い匂いは、香りであって、悪い匂いは、臭いと表現されます。

　節類の香りも人によっては気になる臭いと感じるのです。このことは少なからず、ラーメンの好みにも影響していると思われます。

ラーメン（商品）開発。

　ラーメンは、どのような作り方をしても「ウチのラーメンはこれですよ」と、お客様に提供した時点で、それがそのお店のラーメンということになります。

　そのため、有名店・繁盛店を問わず、様々なラーメンレシピが存在しています。他の飲食分野に比べて、商品作りの自由度が高い分、ラーメンづくりを志す方々にとっては、迷ってしまう原因にもなりますが、そんなラーメン作りにもある種のセオリーはあります。

開発のタイプ

　ラーメンの開発には、まずスープからはじめる方が最も多いようです。「スープ」と「タレ」の割合から決めて、それに合う麺、トッピングへと進むパターンです。

　自家製麺がセールスポイントのお店や、つけ麺専門店が盛んに出店されるようになったころから、少なからず麺の開発から入って、それに合うスープづくりに取り掛かるスタイルも定着しています。

スープについて

　スープはコク、つまりどれだけスープに使った食材から、その食材の旨みを抽出するかです。

　一つの基準が濃度です。昔ながらの技法ではスープの色や香りを見ながら、最終的には味見でチェックしていましたが、最近では濃度計を用いてスープ濃度を測定して、スープのでき具合を判断するお店が増えましたが、最終的な判断はやはり現場の責任者が味見をして決めるべきでしょう。

　目安としましては、清湯のスープの場合、4〜6％前後、白湯

のスープの場合には8～10%未満くらいが目安です。時代と共に、スープ濃度は変化しつつあります。

タレについて

　塩ダレ、醤油ダレ、味噌ダレ、それぞれの塩分濃度が重要です。塩分濃度計を用いて濃度を測定するお店が多くなってきています。

　また、無添加・無化調のタレを作りたいという方が増えてきていますが、別に気にせずに、うま味調味料を用いる場合もあります。うま味調味料を用いた場合でも、味を絞めるために少しだけ用いるという低化調を目指すラーメン店も最近は多いようです。

スープとタレの割合を考える。

　スープ10に対して、タレは1くらいの割合にしておくことです。

　なぜ10対1くらいの割合なのか、別に5対1でもおいしければ別に良いのではと、思われるかもしれませんが、セオリー的にはそれは良くありません。

　通常タレは常温で使用します。温めて使用してしまうと、塩分濃度がより高くなってしまうからです。

また、醤油ダレの場合には温めてタレを使うと、醤油の酸味が際立ってしまいます。

　スープはもちろん、温めた状態でタレと合わせるのですが、その際に、スープ5対タレ1だったとすると、丼の中で冷めてしまいます。10対1くらいを基準にしておくと、丁度良いのです。

脂（油）について

　脂（油）のないラーメンは、ラーメンらしく感じません。それは、例えばベジタリアンラーメンなんかでも同じことです。

　鶏脂（チーユ）や豚脂（ラード）を用いられることが多いですが、独自の香味油も含めれば、多様な種類のモノがあります。

　スープやタレで新しいラーメンづくりをするのはやや時間と費用を要しますが、脂（油）を用いれば比較的簡単に行えます。

麺について

　自家製麺に取り組むにせよ、信頼できる製麺所と二人三脚で自店の麺を開発するにせよ、粉や添加物についての知識を学んでおく必要があります。

　製麺という仕事には、職人の勘で調整する部分もありますが、

どちらかと言えばパティシエの世界に近く、セオリーに基づいた作業が中心となります。

　ただ、ラーメンは、うどんや蕎麦に比べれば、なんでもありの要素が強いですから、開発の段階では、これまで麺には使用しなかったような食材を加えて試作してみるのも良いでしょう。

スープ・タレ・脂（油）・麺を合わせる。

　スープ、タレ、脂（油）、麺は、どれも、ラーメンづくりには大切な要素です。どれが適当でよくて、どれが良ければいいということはありません。

　肝心なのは仕上がりのバランスですから、試食する際には、必ず全てを丼の中で合わせてから試食してください。

トッピングとラーメン丼

　お店の個性や主張を見た目に反映させられるのが、トッピングと丼でしょう。

　トッピングこそ、他のラーメン店を見て回るより、他の飲食分野のお店の方が、参考になります。また、日本食や居酒屋店主のように、焼きもの教室に通って、丼等を自作する店主もおられます。

既存店の「味」を維持・発展させるために大切なこと。

　ここまで、新規開業の場合について触れてきました。

　次に既存店の「味」について触れていきます。その傾向と取り組みをみていきましょう。

開業1年未満の傾向と取組み。

　開業当初の勢いが落ち着いてきた状態です。「本当にラーメン屋は大変な仕事だよな」と、実感が日々増してきています。自信があった「味」も、客足の落ち着きと共に、やや心配になってきています。

　まだ、「味」を見直す段階ではありませんが、オープンして順調に推移している場合でも、常に気をつけておく必要があります。

　例えば、肝心な仕事をアルバイト任せにしていると、タレとスープの分量を間違えて作っていたり、寸胴鍋の汚れがきちんと取れていないままでスープを温めて、スープの味に焦げの臭いが混ざっていたりとか、できていると思い込んでいた基本的な事柄が、いつの間にかなされていないとい事態が生じている場合があります。

　毎年多くのラーメン店が開業していますが、その分閉店してし

まうお店も多いのも現実です。その多くは開店して1年～2年目くらいのお店なのです。

　お店の経営が順調でない場合、自己資金に余裕があれば、思い切って一旦店を閉めて、リニューアルを検討されるケースもあります。

開業5年未満の傾向と取組み。

　5年続けてこられたということは、出店地域である程度の支持が得られたということですが、自店が出店してきたように、この間、新たなラーメン店が次から次へと出店してきています。

　このくらいの期間を営業されているラーメン店の店主さんから、「オープン前には、よく他店を毎日何軒も食べに行きましたが、最近のラーメン屋に行ってみると、自分の店が古いように感じますよ」と、言われることがあります。そんな懸念を抱いている間は、まだ健全だと言えます。

　本題からは少しそれますが、友人・知人や親兄弟で共同経営した場合には、この点の認識の違いが問題となる場合があります。

　既存店の経営が順調にいっていれば、現状の「味」を維持（品質管理）しつつも、季節メニューや、限定メニュー等を企画提供して、顧客にアピールして自店の引き出しの多さをアピールする

のも良いでしょうし、経営が順調でない場合、リニューアルも検討課題となるでしょう。

開業10年〜20年くらいの傾向と取組み。

　その地域で10年〜20年を営み続けられたということは、既にその地域でお店のイメージが定着しています。事業意欲が旺盛で研究熱心な店主のお店であれば良いのですが、単に日々の業務をこなしている感覚のお店では徐々に陳腐化が始まっているかもしれません。

　常に何かの問題意識を持って自店の「味」を見直し、見直した結果として今の「味」のままでという結論であれば、そのままでも良いのですが、ただ作って提供しているだけの毎日では、やがて衰退の道をたどっていきます。

　開業10年〜20年くらいのラーメン店ですと、自家製麺が今日ほど導入されていない時代から営業を開始しているケースが多いですから、リニューアルと同時に、自家製麺に切り替える等の新たな切り口の新規メニューの導入するお店もあります。

老舗の傾向と取組み。

　ラーメン業界を芸能界に例えるならば、地域の老舗ラーメン店は大御所的存在です。

　理屈抜きで、地元で最も支持されるお店です。雑誌のランキング等は、まったく関係ありません。

　老舗のお店にとって「味」とはなんでしょうか、実際に食べているラーメンの「味」、お店の雰囲気、作っている人の個性、そんなものも含めての老舗店の「味」なのです。

　ただ創業者、もしくは創業当初から一緒にやってきた家族・親戚がお店の中で頑張っている間は、別段問題ないのですが、開発に伴う立ち退きや移転、急に中心の店主が亡くなりましたというような場合には、お店はたちまた危機的な状態に陥ります。オールリセット状態なので、昔ながらの「味」だけでは勝負できなくなります。

　お店の将来を考えて、早い段階から後継者と一緒にお店の運営をしたり、暖簾分け制度等を導入して、後継者の育成を図るケースがあります。

日々の「味」のチェック。

　ラーメン屋を営んでいると、お客様から「味が変えたの？」と、言われる場合があります。その原因として考えられるものとして、次の4つが考えられます。

①勘に頼りすぎる。

　一つは、勘に頼りすぎる品質管理、ラーメン作りは長らく徒弟制度が中心でした。

　現場で見て覚えろという形式で、修業先から正にラーメンの作り方を体得してお店を営んでいます。そんなお店ではどうしても店主の勘や経験に頼った形での「味」作りが基本になってしまいます。店主の体調が良い場合には、いつも通りの「味」が提供できますが、疲れている時や、いつもの作り手が変わった時など「味」にブレが生じたりもします。

②数値に頼りすぎる管理。

　先程の例とは真逆ですが、最近では濃度等を数値でチェックして、スープ等を仕込んでいるお店が、多くなってきています。「味」のブレを無くすために、必ず数値でチェックするようにしていますが、これが落とし穴となります。数値は間違いが無くても「味」が違うということが良く起こります。必ず最終判断は人間の舌で

チェックすることです。

③寸胴鍋等の汚れ

　寸胴鍋に付着して残った汚れが、「味」に影響を及ぼしていることがあります。

　私はラーメン学校を主催していますが、参加者それぞれで洗い終えた寸胴鍋を見比べると汚れがきっちりと落ちている場合と、そうでない場合があります。綺麗に洗えているという状態には個人差があるのです。この洗い残しがスープの味にも影響します。

　この点、若い頃から飲食店で務めてきた方なら、現場で叩き込まれるのですが、ラーメン業界ではまったく異分野から新規で参入される方が多い分、こうした初歩的な失敗もしがちです。

④麺質の変化。

　お客様は、スープの変化もさることながら、麺質の変化も感じやすいものです。

　昨今では、自家製麺をセールスポイントにしているお店が増えてきていますが、そんなお店でも製麺メーカーが主催する製麺教室に少し参加しただけで、購入した製麺機を使って、すぐにただ作業をこなす感覚で、お客様に提供する麺を作っている場合があります。

　プロの製麺所をイメージしてもらえれば分かると思いますが、品質管理のための設備投資はもちろん、プロの職人の熟練度に加

えて、日々ノウハウの研究を欠かしません。自家製麺を売り物にするのであれば、それなりの準備とプロのレベルを追究する覚悟が必要です。

　また、麺を製麺業者から購入している場合でも、他に安い製麺業者があったからという理由で、付き合いのある製麺所を簡単に変えてしまうラーメン店も少なからずあります。

ブラッシュアップの考え方。

　「ウチのラーメン、ブラッシュアップしました」、という声をよく耳にするようになって、まだ 10 年経過していないと思います。私のところにも「ブラッシュアップ」の相談が持ち込まれるようになったのも、ここ最近の話です。昭和 20 年〜 40 年代くらいの創業ラーメン屋さんでは、代替わりする時以外に、そんな話はありません。昭和 50 年代くらいからの創業か、フランチャイズの本部が中心のお話でしょうか。だいたい 90 年代くらいからラーメン業界の変化が盛んになってきました。そんな変化が最も気になっている層が、昭和 50 年代〜平成 10 年来で創業したラーメン店の店主・経営者ではないでしょうか。何か新しくしなければ、時代の流れに取り残されるという危機感のようなものが強いのでしょう。

つまりラーメンのブラッシュアップとは、既存のラーメンを今の時代に合うように改良を加えるということです。全てを変えてしまうと商品のリニューアルであると同時に、お店のリニューアルということにもなります。既存のラーメンの良い部分は残しつつ、何がしかの新しい魅力をお客様に感じてもらわなければなりませんが、ブラッシュアップした結果、今までのお客様が離れていってしまっては、意味がないのです。

ブラッシュアップの手順。

　ブラッシュアップを進めるためには、まず、その目的を明確に設定することです。ブラッシュアップの目的がマンネリ化の打破なのか、原価を下げることなのか、新たな顧客層へのアプローチなのかです。

　従来の商品が、うま味調味料を使用していた場合には、全て天然食材のみで旨みを抽出する方法に変えるか、うま味調味料の量を減らしてみるのも良いでしょう。

　丼の色や形状を変え、ねぎの刻み方を変える等トッピングにも変化を加えることで、マンネリ化の打破という目的は達成されます。

　また、ラーメン丼を見直す際に、タレとスープの量も調整して原価のコントロールを行うのも良いでしょう。

限定メニューと新商品開発。

　季節限定、期間限定など、限定ラーメンを提供するお店は多いですが、あまり目新しいラーメンを頻繁に導入すると、既存ラーメンの印象を薄くしてしまいがちになります。

新商品構成と既存商品のバランス。

　既存のラーメンとは、そのお店の顔です。頻繁に新しい商品がメニューに加わるのも、顧客の側から見て、「ここの店は何が売りなの？」と、印象が散漫になります。

　そもそも何のために、限定メニューを導入するのか、その目的を明確にしておくべきでしょう。お客様を飽きさせないためなのか、あるいは自店の開発能力のアピールが狙いなのか、ということです。いずれにせよ新商品を導入するとすれば、開業から2年目以降が望ましいでしょう。

　最近ではインスタグラム等のSNSの拡散効果を狙って、話題性の提供を意識した手のこんだトッピングのラーメンも新商品開発には必要でしょう。

ラーメンの流行をどう考えるか。

　ラーメン専門の情報誌等を見ると、最近流行のラーメンがメインに紹介されています。

　新しい情報に多く接すると、なにか自店が遅れているような印象を持ってしまいがちですが、今までのお客様が、どれだけ新しい流行のラーメンを求めているのかを考えた方が良いでしょう。流行のラーメンが気になった時には自店の見直しや、改善のきっかけととらえるべきでしょう。

原価と原価意識について。

　商品開発の際には原価意識を持つことが重要です。

　このラーメン一杯当たり、いくらかかっているのかを知らないと、ラーメンをいくらで売れば良いのかが分かりません。

　開発段階の原価の出し方は、開発にかかった食材費で、何杯分のラーメンが作れたかで分かります。このように算出された原価のことを標準原価と言います。

**ラーメン作りに使った食材費÷その食材で作れたラーメン杯数
＝計画段階の標準原価**

　個人店の場合、この標準原価を原価としていることが多いですが、実はこれが本当の原価ではありません。本当の原価は、実際の営業実績と実際の仕入額から棚卸した金額を差し引いたものです。それを実質原価と言います。

**（一定期間の食材仕入額ー棚卸残）÷一定期間のラーメン杯数
＝実質的な原価**

　毎月か四半期に一度算出し直しながら、実際の原価を把握するのです。
　つまり、原価は常に一定ではなくお店が活動している間、常に変化し動いているのです。従って、ラーメンの試作段階での標準原価の算出は高めに設定しておく必要があります。

店舗展開時の「味」の考え方。

　初めのラーメン店が繁盛店となりそのまま、「この味で全国制覇を目指す」という例もゼロではありません。店数が増えれば、

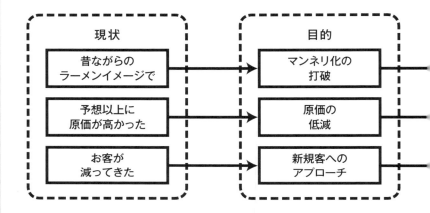

　売上・仕入れの実績データが豊富になり、大量仕入れ等のスケールメリットが生かされる反面、顧客から見ればチェーン店化したラーメン店というイメージでとらえられがちで、個性的な商品価値の高いラーメンを販売しにくい側面があります。

　最近では、それぞれの出店立地からコンセプト導き出して、それぞれ異なるコンセプト（味も含めて）展開していくパターンが多く見受けられるようになりました。

　それぞれのお店の商品がまちまちで、個別の原価の把握が困難ですが、顧客から見ればその地域にしかない魅力を発信しやすく、商品価値の高いラーメンの提供も比較的容易です。

流行りより、地域性。

　全国的にみると、東京・横浜を中心に、ラーメンの新しいトレンドが作られ、情報を発信しています。地方に広まって一般のお客様に伝わるまでには数年遅れという感じです。

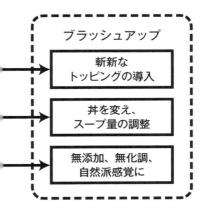

　ラーメン屋業に携わっていると、ラーメンに関する情報には敏感になり、これは最近のラーメンと、あれは5〜6年前のスタイルだ等、業界のトレンドを意識していますが、一般のお客様は、余りそんな事柄には関心がありません。

　学生時代に東京生活で、すっかりラーメンが好きになり、憧れのお店の「味」で、出店したところ、まったく地元のお客さんが寄り付かないというケースが多々見受けられます。

　最先端のモノより、その地域で少し新しい程度のモノが受け入れられやすい傾向にあります。

手の込んだラーメンが、今風ではない。

　専門雑誌や新規店舗を見て、専門誌で紹介されているような最新の調理器具を使ったラーメンや、数十時間もかけた仕込み、手の込んだトッピング等、ついつい今風のラーメン＝手の込んだラーメンとイメージをしがちになります。

流行（はやり）はイコール、廃（すた）れる、運命にあると、考えて良いと思います。

　売上げは、客数×客単価です。高価なラーメンで勝負する店もありますが、基本的にラーメンは客数重視から考える商売と言えます。

　実際お店で一番高いラーメンだけが、10杯か20杯、売れたところで商売にはなりません。

　手の込んだ技法、手法を取り入れるのも良いですが、実際にお店の厨房で、それがこなせるかという視点が大切です。

　また、お客様は手の込んだラーメン、変わったラーメンを果たして欲しているのかということも考えてみてください。

　場合によっては、物珍しいラーメンより、何らかの楽しみを演出することの方が、そのお店にとっては効果的な場合があります。

　例えば、お客様が自分で炙り焼豚を炙ってもらえるような演出をすれば、楽しいという新たな魅力を提供できます。

長期の取組み、付加価値づくり。

　既存ラーメンのブラッシュアップも、新商品開発も、お店がそのことによって儲けることができなければ、まったく意味がありません。

お店の継続・維持・発展のためには、常にお店として付加価値を生み続けることが必要です。

　ラーメン店にとって付加価値とは何かが理解できていないと、お店として付加価値を付け続けることなどできないでしょう。付加価値とはなんでしょうか。ラーメン店の実務では（付加価値＝粗利益）としてとらえてもらって差し支えありません。

　粗利益とは、売上げから原価（食材の仕入れと、水道光熱費）を差し引いたモノです。売上げは、お客様からラーメン代金を頂戴して初めて発生します。

　つまり、いくら他店にないラーメンの開発に成功しても、物珍しい食材でラーメンが提供できても、それが売れなければ付加価値にはなりません。これをアイデア倒れとも言います。看板、メニュー表、接客時の声がけ等で、新しくなったラーメンの魅力をお客様に伝えて、売上げにつながる仕掛け作りも同時に行う必要があるのです。

　また、原価も一定ではなく変動をしていますから、常に原価の管理を怠らず原価を意識した経営をしておくことです。

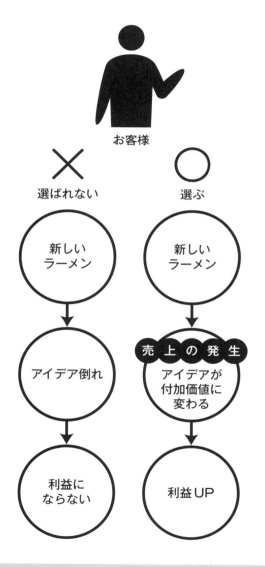

column

憧れ＋覚悟、
そしてビジネス視点を。

　よく他の飲食分野の方々から、「ラーメン業界は、熱心な若い人達が新たに参入してくる羨ましい業界ですね」と言われます。

　確かに、自分の創り上げた一杯のラーメンで、人に感動や何らかのメッセージを与えることができる、そんな魅力的な一面がありますから、若い人材も集まってくれるのでしょう。

　この道でヤルと決めたのであれば、憧れだけではなく覚悟も必要です。また、「稼ぐ」・「儲ける」という合理的なビジネスの視点も忘れないで欲しいのです。稼げなければ、貴方の一杯もお客様に提供できる場もなくなってしまうのですから。

第3章

コンセプトを
見直せる店
が生き残る

ラーメン店経営の成功にも、コンセプトづくりが大切だと言われます。そのコンセプトを守り続ける姿勢が「こだわり」だと考える経営者も多いでしょうが、それは違います。

　めまぐるしく時代が変わり、お客様の好みも変化するのが現代。その中で生き抜いていくには、開店後に店のコンセプトを修正できること、コンセプトを見直すタイミングを見極めること、そして、コンセプトの再構築を実行できることも、差が付く経営力と言えます。柔軟な思考での経営法がラーメン店には大切です。

味以外も含む全体の

何故、流行り続ける ラーメン店と、そうでない ラーメン店があるのか？

「自分のイメージ通りのラーメンができた！」「有名ラーメン屋の暖簾を分けてもらった！」「資金が整ったのでオープンした！」

やっとの思いで夢を叶えたのです。自分のお店が出店地域で末長く愛され続けて欲しいと、誰しもがそう思うはずです。

しかし、オープン当初は忙しかった店が、半年もすると、もう閑古鳥状態に…。そんな事例は、全国に山ほどあります。

その店の店主は、暇になった厨房の中で、「味が受けなくなったのかな？」「他のラーメン屋に客を取られたのかな？」などとひとり悩んでいます。

一方で、地域のお客様はガラガラになったラーメン店のことを、どんな風に思っているのでしょうか？

多くのお客様は、日々の暮らしが忙しくて貴方のお店のことなど考えていられない、といったところでしょう。暇なラーメン店は、ほとんど忘れられているのが現状です。

お客様は外に食べに行く前に、今日はどこの店で食べるかを、ある程度決めています。その際に、お客様の頭の中で「今日はあの店で食べよう」と思われない限り、貴方のお店には再来店してくれません。

魅力を自身で考える

　お店と地域のお客様との関係は、会社で言えば先輩社員と新人社員との関係に似ています（P94の図）。

　貴方がまだ新入社員だった頃、なかなか責任ある仕事をやらせてもらえなかった経験はないでしょうか？　逆に、新人にはなぜ、すぐに責任のある仕事を任せなかったのでしょうか？

　それは、まだ先輩社員と新人社員との間で信頼関係ができていないからでしょう。彼・彼女なら、これくらいの仕事は任せても心配ないという信頼ができて初めて仕事を任せてもらえるようになるものです。

　店主の嘆き…「なぜ、この味が解らないのかなぁ？」は、新人の嘆き…「なぜ、仕事を任せてくれないのかなぁ？」に似ているのです。

　閑古鳥が鳴くお店は、お客様が初回の来店で、信頼するに足らない（行くに値しない）店と判断したか、何度か行った後に信頼するに足らない（行くに値しない）と判断したのか…。

　この場合の信頼とは「この店に行けば、必ず美味しいラーメンが食べられる」「雰囲気がよい」「居心地がよい」「自分のお腹に丁度よい」…etc という、お客様にとっての裏切られることがない信頼感です。

　お客様は、初めてそのラーメン店に足を運ぶ時には、何らかの期待感を持って来店しています。再度、来店してもらうためには、その期待感に応えるか、もしくは、それ以上の満足感を持って帰ってもらうことです。

先輩社員と新入社員、お客様と、お店との関係

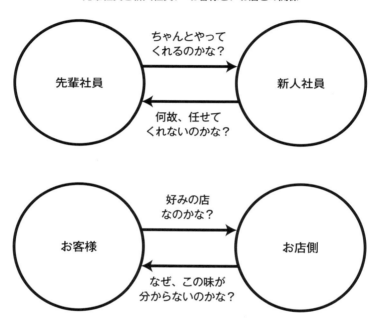

ラーメン店店主は、「味」づくりに偏りがち

　ラーメン店を志す人たちの多くは「味」への関心が強く、他の
ジャンルの飲食店を志す人たちと比べ、店舗運営に必要な「味」
以外の事柄に対しての関心が、えてして低いようです。

　私は仕事柄、不採算店によく訪れますが、繁盛していないお店
のラーメンが案外美味しかったりすることがあります。

　それは、お店が暇になってきた時に、店主が「味」の研究を続
けていた結果でした。それだけラーメン店を志す人たちは、「味」
への執着が他の飲食店経営者より強いといえるでしょう。それゆ
えに、自分の気に入った「味」ができ上がりさえすれば、店は成
功したも同じだと考えがちなのです。

　また、店舗のネーミング、デザイン、レイアウト、メニュー構
成や価格帯などは、自身の思い込みを中心にして始めてしまって
いるケースが多々見受けられます。

　しかし、今日では、「美味しいラーメンを出してさえいれば、
お客は呼べる」という時代ではありません。店舗のデザインや接
客をも含めたトータルな魅力が必要とされる時代ですので、店を
事業として成立させるためには、「味」への情熱と同じくらいに、
ラーメン店運営のためのスキルも身につけておくべきでしょう。

体力仕事から脱皮して、「考える仕事」へ

　ラーメン店の仕事は、仕込み作業や、清掃・後片づけなど、体力仕事が中心です。そのため、その日常業務をこなすだけで、ある種の達成感（働いた感）とでもいう感覚を得て、それだけで満足してしまいがちです。

　しかし、これからのラーメン業界で繁盛し続け、生き残って行くためには体力を使うよりも、「考える仕事」を中心に据えていくべきでしょう。

　特に、これからラーメン店の開業を志す方は、作業時間や作業内容などを効率的にしておく工夫や、設備投資も開業計画に盛り込んでおくとよいでしょう。

　飲食店を成功させるには「お店のコンセプトが大切だ」と、よく言われています。

「お店のコンセプト」とは、店側が地域のお客様に対して何をアピールするかという具体的な内容です。それは本来、出店地域の特徴をベースにして導き出されるものです。

　ところが、ラーメン店を志す人たちの多くは、商品の核となる「味」に関する要素や、ある程度の店舗イメージについても、出店以前、物件選定以前から決めてしまっている場合が多く見られます。これは、お店のコンセプト作りのプロセスとしては間違いです。

　さらに、このお店のコンセプト作りに関しても、ラーメンに関

すること以外についてはプロに丸投げして任せてしまっているケースが、実に多く見受けられます。確かに、とりあえずプロに委ねれば、先に示したプロセスを経て、流石だ！と思う仕事はしてくれると思います。

しかし、プロなどの第三者を交えてコンセプト設定のアドバイスを受けた場合でも、それをそのまま受け入れず、自分自身でも熟考し、充分に納得した上で実行しなくてはいけません。店舗デザイナーや、フードコンサルタントが提案するお店のコンセプトを、そのまま鵜呑みにしていたのでは事業主としては失格です。

ラーメン以外の要素も「自身で考える」。これが、今日のラーメン店では非常に大切なことなのです。

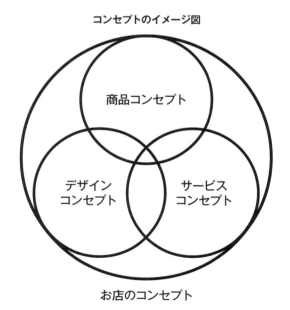

コンセプトのイメージ図

コンセプトは状況に

> **開業時のコンセプトは、
> お客様への第1回目の
> プレゼンテーションと考える**

　お店のコンセプトとは不変のモノと思いがちな人がいますが、実務上、コンセプトは常に変化させるべきものです。いったん作り上げたコンセプトだからと、頑固に踏襲する必要はありません。

　先に述べた、店舗のネーミングやデザイン、店舗レイアウトやメニュー構成や価格帯などだけでなく、苦労して生み出したお店の根幹である「味」そのものも、常に変化あるいは進化させて行く必要があります。

　繁盛を続けているラーメン店の店主は、現状の成功に満足せず、「この成功パターンで本当に良いのか?」「これからのお客様に通じるのか?」…と常に考えています。

　出店当初のお店のコンセプトは、あくまで地域のお客様への店側からの一つのご提案にすぎないのです。

　そこで、商売を続けながらご提案の結果を常に見直す。つまり分析・評価して、次に再実行して行くことを忘れてはならないのです。

　最初のお店のコンセプトは、あくまでも船出をする時の指標であり、その後の航行に支障をきたす場合には、そのつど軌道修正をしていかなければなりません。

合わせて再構築する

コンセプトの再構築は、まず「考える」習慣作りから

　前述のように、いったん設定したお店のコンセプトも、常に自分自身で疑って考え直してください。考え直した結果、「今までのコンセプトでよし」となれば、そのまま踏襲しても良いでしょう。

　このことは、何も考えずに日々の業務に追われる中で、単にお店のコンセプトを変えず続けているのとでは、全く異なるのです。

　マネジメントの世界では、PDCA（Plan - Do - Check - Action）が常識となっています。計画（Plan）を立て、それを実行（Do）、評価・チェック（Check）、是正行動（Action）のプロセスで考えます。このPDCAを何度も繰り返すことで、改善や改革が可能になるのです。

　まず、計画を立てて進むべき方向を決める。そしてその計画を実行しながら、同時により良い方向に進んでいるかどうかをチェックし、問題があれば、そのつど解決する。いつも自身で考えることが重要だといえるのです。

　具体的には、事例も交えてご説明しましょう。

　例えば、貴方が都会で食べたつけ麺の味に感激して、自分の住んでいる街にはこんな味はないから、すごく受けるだろうと、

900円のつけ麺をメインに打ち出した専門店をオープンさせたとしましょう。

　しかし、なかなか思っていたように繁盛しない。地方都市の場合、例えばラーメン一杯500円のお店もまだ存在しています。それになかなか目新しく食べ慣れないモノには直ぐには飛びつかない傾向にもあります。

　この時に、「あの有名店の味がほぼ再現できているのに」とか、「あの繁盛店より旨いはずだ」と、オープン当初のそのつけ麺を継承し頑固に出店地域に浸透するまで待っているのでは、体力（資金力）が持ちません。お店をやり続けることができないはずです。

　こうした場合には、そのままつけ麺専門店のコンセプトを継承せずに、新たに「いにしえの味中華そば450円」をメインに打ち出し、お店のサイドメニューとして「本格つけ麺です　どうぞ一度ご賞味ください」とするのです。

　現在、私達の周囲には情報が溢れています。その情報を集めただけで、考えているつもりになってしまいがちです。自分で「見て」「考える」この習慣を繰り返すことをいつも意識して下さい。

コンセプト再構築のプロセス概念図

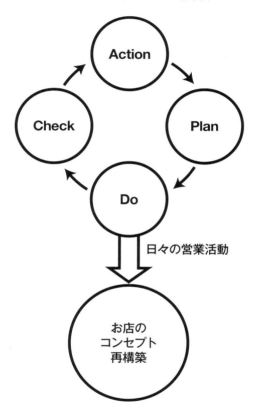

日々、考える経営を実践する ためのツール「営業日誌」。

　店主の役割を私は、よく船の船長に例えます。

　船では船長が航海日誌をつけるように、日々「営業日誌」をつける習慣を身に付けて欲しいのです。その内容は大まかに次の通りです（P104 ～ P105 参照）。

　基礎的な要素は、日付・天候・湿度・商品別の売上げ・出数・客単価・時間別売上げ・総売上げ高などです。

　大切なことは、その日に気付いた事柄やアイデア、新聞やテレビで得た情報を基に思いついたアイデア等の事柄や、ちょっとしたでき事をメモ書きで、毎日書き込んでください。

　毎日現場に立つ貴方が、自分で記入し考えてください。

　お店は変化していかなければ、知らないうちに座礁してしまうのです。この日記が、貴方の店の羅針盤となるのです。

　よく最初のお店が繁盛したのに、2 店舗目が上手くいかないという事例が見受けられますが、これは最初のお店がなぜ繁盛しているのかということを、経営者自身が客観的に分析していなかったからです。自己分析ができていないのでは、その成功は単なる「まぐれ当り」と同じです。

　また、逆にもしも出店に失敗したとしても客観的に自身で分析・評価・反省をしていれば、その失敗は財産として後日に活かせます。これを商売では「勉強させてもらった」と言います。

この営業日誌の具体的な効用として、本当はどの商品がよく売れているのかが解ります。そして本当の食材原価が解ります（計算方法は、P105の「食材原価の算出方法」を参照ください）。

　本当の売れ筋商品と本当の食材原価が解ると、まず自店の主力商品が、本当に狙い通りの利益を稼ぎ出しているかどうかが解ります。お店を末長く営んで行くためには、そのお店の売れ筋商品は、高い利益を上げられるモノでなければなりません。"当店のイチ押しラーメン"としている商品は、本当にイチ押ししていて大丈夫なのか？ということが解るのです。

　次に、お客様一人当たり平均貴方のお店でいくら使ってくれているかが解ります。

　私の指導先には、このツールを使って自分で考える習慣を作っていただいています。現地の最前線にいる店主が、日々どのように観察してそれをどう考えるかが大切なのです。いつでも、店主自身が考えた答えや、考えに至るプロセスが残っているので、アドバイスもしやすいのです。

営業日誌の雛形

営業時間別の客数・客単価	朝11時～昼2時	客数		客単価		商品名	出数
			人		円		
	夕方5時～夜10時	客数		客単価			
			人		円		
	夜10時～翌朝2時	客数		客単価			
			人		円		
	合　　計	客数		客単価			
			人		円		

特記事項	トッピング	出数

「見て」「自分で考える」この習慣を毎日続けるためには、できるだけ簡単なツールにしておくことも大切です。食券機等を導入されているお店では、その基礎データを流用してください。

四半期に1度、棚卸しを実施し、この営業日誌のデータを基にグラフ化してください。

商品名	出数	商品名	出数	商品名	出数

トッピング	出数	サイドメニュー	出数	ドリンク	出数

食材原価の算出方法

標準原価

スープを作るのに使用した食材費の合計を、何杯のスープが作れるので単純に割って算出した原価。個人店のラーメン店ではこれを食材原価としている場合が多い。

実績原価

実際の仕入れ金額から、棚卸し分の金額を差し引き、実際にお客様に出したラーメンの数で割った原価。

※ラーメン店の場合には、歩留まり率を考慮しない方が実務的と考える。

「ラーメン店を続ける」 そのためには、 常に付加価値づくりが必要

　ここで一度、「ラーメン店にとっての成功、ゴールは何なのか？」を自問自答してみてください。

「自身の作ったラーメンを、地域のお客様に喜んでもらう…」「好きな仕事で、家族を養っていくため…」など、その理由は人によって様々だと思います。しかし、いずれの理由にせよ、お店を続けることができなければ、地域のお客様に貴方のラーメンを食べていただくことも、好きな仕事で家族を養っていくこともできないはずです。

　そこでラーメン店を続けるためには、お店として、常に付加価値を高めていくことが必要です。

　それでは、ラーメン店にとっての付加価値とは何なのでしょうか？

　味の面での付加価値、イメージ的な付加価値…などさまざまなことが付加価値としてあげられますが、最終的に売上げにつながらないものはお店にとって「価値」と認められません。付加価値について深く説明すると、やや難解な話になるので、ラーメン店の経営においては「粗利益」と理解してください。

　一般に、飲食業は他の業種に比べれば、付加価値が付けやすいと言われています。それは、前日に思いついたアイデア料理を、翌日にはお客様に出すことが可能だからです。

しかし、「麺に黒胡麻を練りこみました！」とか「マグロからラーメンスープを取りました！」というだけで、「うちの店では付加価値をつけました！」というのは間違いです。これは、一つのアイデア段階でしかありません。「付加価値＝粗利益」という視点でとらえると、それは売れなければ単なるアイデア倒れということになります。

お客様があるお店に入って、メニューを見て注文したとしましょう。注文を言い終えてから壁に貼ってある限定メニューに気が付いて、そのマグロラーメンが美味しそうなので、さっきの注文を取り消してそれに代えようとしても、店員から「もう麺を入れちゃったんで…」と言われれば、お客様は注文のしようがありません。

せっかくのアイデアも売上げに反映しなかったのでは、粗利益が発生しない。つまり付加価値になっていないのです。

アイデアを売上げに反映させるためには、例えば、店頭に大きく写真の入ったメッセージボードを設置するとか、メニューに目立つように記載するとか「限定マグロスープのラーメンはいかがですか？」と注文の時にアナウンスするとか…等々が必要でしょう。

売りたい商品があれば、売りやすいように店側が工夫し、成果を出さなければ、付加価値は付きません。「売れてはじめて付加価値が付いた」と言えるのです。

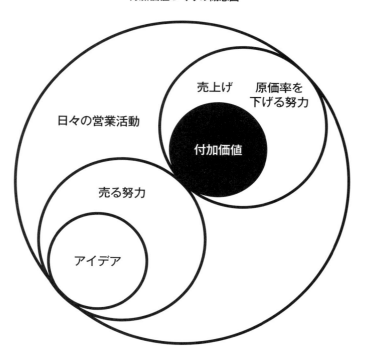

付加価値づくりの概念図

コンセプト再構築の目的は、店としての付加価値づくり

　では、前述の営業日誌を使った、数値でお客様の動向をとらえて経営に生かす手法について説明しましょう。

「付加価値＝粗利益」を高めるためには、「客数を伸ばす」「客単価を上げる」「原価を下げる（＝利益率を上げる）」という手法があります。

　例えば、営業日誌で実質原価を把握した結果、利益率が低く思っていたよりも利益に結びついていない中華そばが一番よく売れていたならば、メニュー表の順番を変えて、利益率の良い塩ラーメンをメイン商品に据えるのです。

　その際、メニュー表には「当店イチ押し」等のサブタイトルを付け、他の商品よりやや大きめの書体で書くという方法を用います。お客様が注文しやすいように誘導するのです。付加価値とは創り出すものです。

　また、良く売れていた中華そばに関しては、チャーシューを炙り焼豚に変えるなどして、その分、価格を高く設定し、以前より利益率を高めて売るなどの方法をとるとよいでしょう。

　このように、お客様の傾向を分析することで、次の一手が打ち出せます。

　次に「客数を伸ばす」方法ですが、これには自店をいかにPRして集客に結び付けるかが重要になります。

集客業績の不振なお店は、客数が確実に期待できる標準の数値よりも落ち込んで、元に戻らない状態にあります。この原因は、明らかに固定客の来店の頻度が落ちたことにあります。

　実は、固定客への定期的なアプローチは、新規のお客様への販売促進活動と似ています。

　自店をPRする活動は、選挙の候補者と同じです。懸命に活動し続けなければなりません。これは「知名度さえあれば」とか、「大政党（有名店のブランド）に所属していれば安心」とか、「スローガン（商品）が良いから」といって絶対に当選するとは限りません。

　しかし、日頃から懸命に活動すれば、有権者が投票所に足を運んだ時は、毎日毎日聞かされた候補者の名前と簡単なキャッチフレーズが耳に残っているはずです。決して広告活動自体は無駄ではないのです。いかに効果的な活動ができるかどうかが問題なのです。

　やや古い話ですが、かつて中国産の冷凍餃子が問題となり、外食時に食べる餃子も敬遠された時期がありました。こんな時には、すかさず「餃子教室開講！自宅で簡単にできる餃子レシピを貴方にコッソリ教えます。無料！」と、周辺に広告を打つのです。

　お店の休みの日や時間を利用して餃子教室を開けば、直接的には売上げになりませんが、固定客との結びつきをさらに強化しつつ、新規客の開拓にもつながります。それと同時に、このお店では安全な餃子を出しているんだなと、効果的なPR活動となります。

　以上の例の他にも、いくつかの成功例をP112よりに紹介しましたので、参照して下さい。

自分で考え抜く、
ラーメン店主になるべし

　決して忘れられないラーメン店にするためには、地域のお客様に対して、店として何かもっとできることはないか？と常に考え続けることです。お店にとってお客様との信頼づくりは永遠のテーマで、その活動に終わりはありません。

　世の中には、繁盛の方法や不況脱出法などのノウハウ本やハウツーモノが多く有りますが、それらから答えを得ようとするのではなく、日々自身で考えた答えや、考えに至るプロセスが、はたして合っているのかどうかを検証するツールとして使うという姿勢が大切です。前向き思考で、常に自分自身で考える経営の実践こそが、真に地域に愛され続けるお店作りのカギとなります。

　ラーメン店も商売です。商売とは、いつの時代も環境の変化をとらえて、活かしていく活動なのです。お客様自身は貴方のお店に「○○を求めている…」と意識している訳ではありません。ただ単に、ラーメンを食べに来ているだけなのです。

　しかし、潜在的ニーズの中には本当に求めているモノがあるはずなのです。それを日々観察して、自身で考える習慣づくりが必要です。日々の地道な活動と、常に変化しようとしている姿勢に勝るものはありません。いったん決めたお店のコンセプトも、大いに変えて行っていいのです。他店と競争するよりも、自店に成長の余地がないかをいつも自問自答しながら成長することです。

成功事例

修業先の「味」にこだわらず、地域に
受け入れられた事例。　大阪市北区T店。

　ある店のオーナーは、知名度が高い東京ラーメンのお店で修業
し、その暖簾で大阪に開業し、営業しています。他のお弟子さん
のお店も全国各地にあり、当然その「味」についても修業先の「味」
を継承しています。

　ところが、大阪のこのお店だけは、営業当初の「味」を捨てて、
豚骨スープがベースとなっています。

　大阪では、スッキリとした清湯スープは、あまり好まれない傾
向にあります。見た目に、しっかりとだしが出ていないように、
感じ取られてしまうからです。

　このオーナーはあっさりとその暖簾の「味」を変えて、豚骨ラー
メンで勝負したところ、大阪でも屈指の人気店になったのです。
他のお弟子さんからは「あんなのは○○の味じゃない」と言われ
ていますが、それでも出店地域のお客様に喜ばれています。

> **成功事例**
>
> ## 徹底したエリアマーケティングで
> ## 自店をPR。愛知県豊橋市M店。

愛知県の豊橋市エリアにしか出店しないと決めているラーメンチェーン店があります。

この地域では、このお店の店名とラーメン、それにオーナーの姿が畳二十畳くらいの超大型看板になって街のあちこちに展開されています。このためか、地域の住民でそのラーメン店を知らない人はほとんどいません。

ややしつこいくらいに感じる方もおられるかも知れませんが、週末や休日になると家族連れで各店舗が満員となります。「さあ今日はどこで食事しようか」となった時に、すぐに頭に浮かぶからです。

起業の際には豊橋駅前に屋台を出したのがはじまりのこのお店も、この徹底したエリアマーケティングによるPRで今では地域限定の大盛店となりました。

113

成功事例

夜間の中華食堂として力強く地元に根付いたお店。　兵庫県尼崎D店。

　飛びぬけて美味しいということもなく、決して綺麗とは言えないカウンターだけの狭いお店なのですが、開業以来40年近く経った今でも賑わっています。

　開店当初は、この地域では珍しかった「ちゃんぽん」をメインに打ち出したお店だったのですが、今では中華料理店さながらの品揃えです。

　オープン当初は目新しさもあって繁盛していましたが、やがてその賑わいにも陰りが見え始めました。そこでお客の動向をとらえなおして、お店の営業時間を夕方〜朝方までにしました。近くには商店街や市場があり、競合店もたくさんあったので、シフトを変更したのです。

　その結果、幹線道路沿いにあるので、ドライバー達にも認識されて、盛り返したのです。それにも増して、近くにある飲み屋さん帰りのお客様や地元の人にも、今では当たり前になった、「遅くまでやっているラーメン屋さん」として認識されますます繁盛したのです。

　それにともなって、餃子やチャーハン、唐揚げ…等々。次々とメニューが増えていったのです。今では、主力と同等のペースでチャーハンや餃子が人気で、40年近く経った今でも、その地域の代表的なお店として親しまれています。

コンセプトは状況に合わせて再構築する

第3章

コンセプトを見直せる店が生き残る

第4章

ラーメン店
開業後の
落とし穴

店が衰退する原因は、突然、生まれるのではありません。好調なときにも、その原因は芽生えています。

　開店直後は、いわゆる「開店景気」で好調な例が多いのですが、その好調のときにも、お店の継続を阻む「落とし穴」が潜んでいることが多いのです。

　開店直後は、慌ただしく、また、馴れないので忙しく感じるもので、それだけに、この「落とし穴」を見落としがちなのです。いくつかの「落とし穴」への対応を事前に考え、意識しておくことが、生き残る策にもなります。

❶ その好立地が、

お客様をお招きするように、
ライバル店も招いてしまう。

　永年の経営努力を惜しまず、様々な苦労を乗り越えて、やっと繁盛店ができるものです。

　しかし、お店が繁盛すると、その周辺スポットが、第三者からは自然と繁盛する立地であるかのように、映ってしまうことがあります。

　長引く不況の影響もあって、ラーメン店の開業を志す新

「アキレス腱」に！

規参入者も増えてきています。

　大手のライバルチェーン店も、繁盛立地に絞って出店を計画してきます。繁盛店の近場に空き店舗ができてしまうと、すぐに出店してくる場合があります。

　その店ができてしまうと、お客様は目新しさも手伝って、新しいライバル店の方になびいてしまいがちです。

その対応策

　私は、このような場合に「四十九日の話」を、お話をよくします。

　ライバル店が近隣に出店してきた場合、四十九日くらいの期間は、どうしてもその影響を受けてしまいます。その間は無理せず焦らず、じっくりと相手の弱点を分析して、反撃の準備をすることです。

　なぜ、四十九日間なのか、縁起でもありませんが、一般に身近な人の死に直面しても、ひと段落をつけることのできるのが、このくらいの時間の経過です。

　新店が出店した当初は、少なからず影響を受けるものです。そのライバル店の影響が低下しはじめるのが、大体1ヶ月半くらい（前述の四十九日）くらいということです。

　そのくらいの時間が経過すれば、もうそのライバル店は地域の顧客にとって目新しい存在ではなくなってきているのです。

影響を受けている間は、そのライバル店の弱点を探り、それに対抗できる自店の強みをアピールする準備をしておくことでしょう。

例えば、近隣に出店してきたライバル店が大手の系列店であれば、それにはない自店の特徴を（例：独自ルートで入手している○○節を使っています）等をアピールした販売促進を行うと効果的でしょう。

普段から地域のお客様にとって、自分の何が、どの部分が支持されているのか、を自問自答して、これからも地域のお客様から愛され続けられるためには、お店として何をしておくべきなのかを普段から、検証しておく必要があります。

❷その繁盛店主自身

繁盛店主の
キャラクターが問題に。

　店主の性格や持ち味が、店の人気の一つとなっているお店の場合に起こりうることです。

　なにやら人気タレントの知名度にあやかったテレビ番組に似ていますが、お店が繁盛した結果、多店舗展開して行くにつれて、徐々に店主の「顔」が見えなくなってきます。

その対応策

　対応策の方向性としては、店主のキャラクターだけを頼りにせず、徐々にお店としてのコンセプトを確立し、人材を育てて行くことで、店主のキャラクターに頼らない店づくりを進めて行く方向です。

　また、それとは逆に、店主のキャラクターをコンセプトとして確立し、パターン化（店主のラーメンを作っている

が「アキレス腱」に！

あるいは1店舗だけで多店舗展開はあえてせずに、地域の1番店を維持しているようなお店でも、何らかの事情で店主が長期間お店に出てこられないことがあります。

そうなると、お店としての魅力も半減。「今日はあの大将いないの？」と、がっかりされてしまいます。

場面の写真を貼り出したり、店主の名前をメニューや看板に入れる等）して、店主本人が店内にいなくても全面的に出していくか、という2つの方向が考えられます。

いずれにしても、今の繁盛をどのような形で続けていくのか、店主一代限りで終わるのか、店の将来を見据えて、早い段階からの対策を講じておく必要があります。

❷その繁盛店主自身が「アキレス腱」に!

成功経験が
石頭にさせる。

　繁盛店主に限らず、成功体験のある人達の多くは、その経験に基づいて物事を判断してしまう傾向にあります。

　ある繁盛店主の場合には、特定の商業施設の中で、人気のテナントとして多店舗展開し、その全てのお店が繁盛していましたが、いざ路面店に出店した際、玄関には大きなサンプル商品ケースのスペースを取ってしまったり、オープン前から暖簾を出したりと、ポイントを見失った行動に出てしまいました。

　結局、これらの行為が示しているのは、成功事例の呪縛から逃れられず、出店立地の研究がおろそかになっていたために現れる現象です。

　「店を開けてさえいれば、必ずお客様は入ってくるに違いない」という錯覚によって、このお店は早々に退散してしまいました。

また、駅中立地で繁盛を維持していたオーナーも良く似た傾向にあります。

　既存店では駅中ということもあって、スープベースを温めるだけで営業していましたから、「別にスープなんか一から炊かなくても、お客さんは美味いと言ってくれているよ」と、新たに自家製麺のみに力を入れて、路面店を出店。

　その結果として、結局この路面店がグループ全体の足を引っ張る結果となってしまいました。

　いずれのケースも、少し考えれば解りそうなものじゃないか…と思われるかもしれませんが、好調が続くと自身の過去の成功経験に照らし合わせて、判断してしまいがちなのです。

❷その繁盛店主自身が「アキレス腱」に！

第4章　ラーメン店開業後の落とし穴

その対応策

例えば、一度でもUFOらしきモノを見た人は、「宇宙人は地球に来ている」と思うでしょう。一方で、長年物理学を研究している人は、自身が学び研究してきた内容から、「宇宙人は絶対地球には来ていない」と言うでしょう。

突拍子もないことを書きましたが、双方似たもの同士でいずれも頑固なのです。

時間の経過と共に経験を積んでいく以上、頑固でない人はいません。頑固とは非常に厄介なものです。

孫子曰く、「敵を知り、己を知れば百戦危うからず」です。

この場合、敵とは新たにお店を出店する立地条件を調べ

たり、ライバル店を調べたりすることです。そのための方法はいろいろと学ぶ機会があります。

しかし、「己を知る事」は実に難しいことなのです。自分自身がどの程度頑固なのか分かりにくいからです。

意思決定の際には、自分の今の考え方は一旦白紙にして、普段から違ったモノの見方をする習慣をつけておくことです。

また、自分とは違った見方・考え方をする人の意見も聞いてみることが大切です。

❷その繁盛店主自身が「アキレス腱」に!

自慢の体力が
仇となる。

　繁盛店の店主の中には「体力には、自信があるんだよ。」そんな人がいます。高齢になっても、朝から晩までお店の周辺から離れずに、四六時中、何かしら身体を動かしている。

　体力には自信がありますから、一旦終えた仕込み作業を

その対応策

　周囲の人からの指摘があった場合には、腹を立てずに、お休みをもらったと思うことでしょう。現場に残ると、いろいろと目につき我慢できなくなります。

やり直ししたり、自分でもう一度掃除をし直す等、とにかく何でも自身でやってしまわなければ気が済みません。

　こんなタイプの方には、一つ問題があります。それは、後継者を含め、新たに人材が育ちにくということです。

　こんな時こそ、気分転換を兼ねて他店を見て回るのも良い方法ですし、できれば、また、同業者の仲間を作るのも、客観的に自己を見つめ直すよい機会とすることでしょう。

❸繁盛店で働く人達

繁盛店主に
嫉妬する。

嫉妬は男女関係に限ったことではありません。

繁盛店主に近い人達…片腕的な存在や支店の店長など、起業当時からの付き合いのある人達にとって、店主は本来身近な存在ですから、ある種の親近感を持っています。

しかし、繁盛店主がマスコミへの露出や、経営する他の店舗へしばらく行っている等、店主としての活躍の場が広

その対応策

お店として、もしくは会社として向かっていく方向を明確に示しているということが、大切でしょう。（店主個人が活躍をしたいがための、活動ではない）ことを理解してもらうということです。

お店が向かっていく方向を事業計画書に明確に示して、必要な人材や従業員全員にいつでも閲覧できるようにして

が「アキレス腱」に!

がり、従来のスタッフとは疎遠になりがちになってくると、店主に近い人達は一抹のさみしさや、疎外感を感じたりすることがあります。

このことから、結果的には他店に移ってしまったり、店内の雰囲気をこわしたりしてしまいます。

おくだけでなく、ことあるごとに自分の思いを言葉で伝えておかなければならないでしょう。

また、こまめに時間を作って、ひと言でも言葉を交わすように心がけておくべきです。それによって従業員も「ウチの大将も気を使ってくれているなぁ…」と感じられるからです。

❸繁盛店で働く人達が「アキレス腱」に！

人材の確保・育成までは
良かったが…。

　繁盛店は顧客からの評判が良いモノです。そんなお店で働きたいという人材も集まりやすいのですが、その働く動機が「いずれは自分の繁盛店を作りたい」という人達が多いのですから、ある程度の仕事内容を体験した時点で、早々

に他の繁盛店へ移ってしまう場合があります。

　お客様の回転率と同じように、従業員の回転率も良い。そんな風になかなか人が育たないという現象が起こってしまいます。

その対応策

　繁盛店の店主としては「来る者は拒まず、去る者は追わず。」が、格好いいのかもしれません。

　しかし、そんな中にも、「これは」と思う人材がいるものです。

　ある繁盛店の経営者は、そんな人材が他店へ移って行く場合、「本当は残ってほしい」「一緒にお店を繁盛させたい」等、率直に自分の思いを伝え、その後も何かにつけてこまめに連絡を取るそうです。

　そうすることで他店に移った人材が、移った先のお店で、自分に得るものがなかったり、人間関係で悩んだりした結果、また自分の店に戻ってきてくれる場合があるそうです。

　一旦、お店を辞めてから、再び戻って来てくれた従業員の定着率は比較的良いそうです。

「可愛い子には旅をさせよ」とはよく言ったものですが、優秀な人材ほど「隣の芝生は青く見え」また、それに対す

134

る嗅覚も鋭いものです。一か所に留まることより、より多くを学ぶためにも転職を重ねる傾向にあります。

「ウチの店以外に、貴方の夢をかなえる場所はないよ」というくらいの自信を持っていれば、一旦は外に出た人材でも再び戻って来てくれることもあります。

　人材に戻って来てもらえる機会を創り出すのも、経営者の仕事です。

❸ 繁盛店で働く人達が「アキレス腱」に！

定着率が
良くても…。

　人材の定着率が良い繁盛店にも問題があります。

　それは人材のサラリーマン化とでも言える問題です。ラーメン店での実務は非常に単調で体力を消耗する仕事の内容が多いですから、日々の業務をこなすだけで、ある種の達成感を感じてしまいます。「これだけやっていればいいだろう」という思いに陥りやすいモノです。

長期に渡って働いている間に、入店当初に持っていた仕事への貪欲さやチャレンジ精神が失われていきます。日々の業務は完璧にこなしてくれるものの、それだけの人となってしまっています。

　これでは、お店にとっても、ご本人にとってもマイナスと言えるでしょう。

その対応策

　繁盛店主自身が「チャレンジ精神を失わず、いつも輝いている一人の人間でいる」ことでしょう。しかし、それをただ単に意識しているだけでは、従業員には伝わりません。

　その気持ちを従業員に分かってもらえる唯一の方法は、自身の言葉と行動で伝えるということでしょう。

　あれこれと余計なことは言わないのが、一種の美徳とされていた頃もありましたが、思いを伝えることは極めて大切なことなのです。

人材のアキレス腱化を防ぐためには

　本来であれば、働いてくれている人達が、お店にとってのアキレス腱になるようなことがあってはなりません。

　基本的には、繁盛店主自身が、人を使うことによって、店主が楽になるのではないと自覚しておくことです。むしろ人が増えた分だけ仕事が増えるものです。

138

既存の仕事内容に甘んじていたり、成長への意欲が感じられない人材には、率直に店主の思いを言葉で伝えることが必要です。

　仕事のローテーションを変えてみたり、新商品開発に参加してもらう等、人材をサラリーマン化させない方法や仕組みはいろいろとありますが、まずは繁盛店主自身がマンネリ化を嫌い、常にチャレンジしている…周囲の人から輝いている人として映っていることが大切です。

　人とは手がかかるモノなのです。一人ひとり違ったキャラクターといかに接していくか、経営者が楽をするために人を使っているのではないのです。

　経営者にはリーダーシップのみが要求され、お店で働く人達を導くことが務めなのだと肝に銘じておくべきです。

❹繁盛店の商品が

繁盛店であるが故の悩み…
二匹目のドジョウ狙いに
対峙するには。

　私は、ラーメン店で独立したいという方に対して、支援するのが仕事の一つですが、そんな相談者の中には、繁盛店の「味を真似て独立したい。成功をより確実なものにしたい」と考える人たちが、少なくありません。

　脱サラ組の開業予定者だけでなく、既に開業しているライバル店や会社も繁盛店の「味」を真似たり、コンセプトそのものを研究し、真似してくるケースが少なくありません。

「アキレス腱」に！

　研究開発の結果によっては、その繁盛店を上回ってくる場合も考えられます。

　繁盛店にとって真似をされること自体は、基本的に誇らしいことではありますが、自店を参考にして、ライバル企業が次々と多店舗展開して行くのは、あまり気持ちの良いものではないでしょう。

❹繁盛店の商品が「アキレス腱」に！

第4章　ラーメン店開業後の落とし穴

その対応策

　真似されたとしても、本家をアピールすることで、真似されても動じない姿勢を示しておくことでしょう。

　真似されたことでむしろ、その本家のブランド力を高めるきっかけにしてしまうことです。常に、商品・サービス・店の雰囲気づくりに心掛け、繁盛に甘んずることなく、よ

り完成度の高いお店づくりを心掛けてください。

　ここで重要なのが「らしさ」でしょう。ご贔屓にしていただいているお客様から見て、貴方のお店の「らしさ」は何なのかを理解し、それを損なわないようにすることがブランドづくりには欠かせないことです。

❺お客様が

永年のご贔屓客が
アキレス腱に。

　店が好調が永く続くと、店主のシワも多くなり白髪が目立つようになりました。それと同時にお客様の年齢層も上がってきています。

　繁盛店を永らく続けていることは、大変なことだと思います。それだけ地域のお客様から永らくご贔屓にしていただいているからこそできたことです。そのお客様方をいつまでも大切にしたい、そう思うのは当然でしょう。

　しかし、いつの間にか自身の年齢に近いお客様がメインのお客となってしまって、一向に新規客が増えていない現

「アキレス腱」に！

状に気が付きます。

　確かに、年配の店主と親しげに話す常連客の和ができ上がっているお店には何だか入り辛いものです。

　若い新規客にもっと来店してもらいたいと悩んだ末に、「最近流行の味を新メニューに加えた方が良いのだろうか」とか、「店舗のイメージを今風に変えたらどうだろうとか」等、いろいろと悩んでおられる繁盛店主も少なくありません。

❺ お客様が「アキレス腱」に！

第4章　ラーメン店開業後の落とし穴

その対応策

　私は、いつも「自ら考える経営」の実践を解いています。繁盛の間にも、お客様について、地域について、お店について等、店主ご自信が日々考え続けていることが最も重要です。

　永年繁盛してきたお店であれば、これまで培ってきたお店の魅力が必ずあります。その永年愛され続けてきたという事実がすでに魅力的なものでしょう。

　先ほどのような問題に対して、店主ご自身でしっかりとした考えを持った後に、専門家に相談されると良いでしょう。そうでないと、相談した結果、「すぐさま今風のお店と味に変えなさい」等と、一方的に聞き入れるだけになってしまうかもしれません。

　例えば、永年の営業で常連客のわがままを聞きすぎて、裏メニューがやたらと多くなっているのであれば、それは永年お客様の要望に誠意を持って対応してきた証だと、逆

にとらえ直して、キャッチフレーズは、「今度は貴方の裏メニューを作ります」、写真でこれまでの裏メニュー全て並べて見せる。実際の表現方法や手法は、狙いとする新規客層に普及しやすい方法等を、外部のプロにお願いするといった進め方が良いでしょう。

　店主ご自身が考えて考え抜いた事柄を、委託する相手に語ってから、相手の提案を受けるのと、どうして良いのかまったく見当もつかない状態で、相手からの提案を受けるのとでは、全く違うのです。どんな問題でもお店の問題は、お店側が主体的にその解決に取り組むべきなのです。

❻ネット社会化が

誰もが知っている
繁盛店だからこその悩み。

　繁盛店は、ネット上の書き込み数も多くなります。その数の多さは逆を言えば、悪い評判も書かれてしまいやすい、ということになります。

　お客様によってものの見方が様々ですから、いろいろと

その対応策

　お店にとって、もっとも良くない傾向は、書き込み件数が多いために、自然と悪口も書かれているという状態より、お店の書き込み自体が少ない、もしくはない（長らく書き込みがない）状態であると言えます。

　ネット上の悪評は気にしない方が良いでしょう。悪意のある書き込みについては、解る人にはわかるものです。

　また、お店への評価についても、あくまでも書き込んだ人、個人の好みや、意見であるということは、既にネット上で広

「アキレス腱」に!

書き込まれてしまうこと自体には、お店側からはコントロールができません。

しかし、そのまま放置しておいたのではお店にとって、マイナスイメージになるのではないだろうかと、悩んでおられるケースも見受けられます。

く認識されています。

やはり、実際に普段来店して下さるお客様に対して、お店として常に万全のモノを提供し続ける、そんな姿勢こそ大切です。

ただし、悪い評判の中には、お客様の本音の部分も含まれています。お店としてそれをくみ取り、謙虚な姿勢で改善していきましょう。

149

❻ネット社会化が「アキレス腱」に！

新規店が有利な
ネット上でのランキング。

　ネット上で、どうしても新店舗や、新規性のあるラーメンが取り上げられ、その注目度が高い分、どうしてもランキングや評価も上位に位置しやすくなります。

　既に繁盛店となっているお店でも、目新しさという点で

その対応策

　ネットの時代では、老舗ブランドのお店こそ自店のwebページを持っている必要があると思います。

　独自のwebページでは、自店をきちんとした形でアピールできます。地域のお客様に対して、お店から常に新しいメッセージを送り続けることも可能です。

　ややご予算はかかりますが、独自にSEO対策を施しておけば、飲食店・ラーメン専門紹介サイトとは別に、その地域名○○市のラーメン店、○○区の美味しいラーメン屋

は新規店には敵わないのです。

　お店が繁盛していても、ネット上では地域のランク外にされているケースもあります。自動車でしか移動手段のない地域では、出かける前にネットで検索、家族で行くラーメン屋を決める人達もいます。

　新規客の獲得という点では、ネット上のランクも無視できないでしょう。

等と、検索してもらうことで、比較的上位にお店の web サイトを見つけてもらうことができます。

　飲食店、ラーメン店でのご経験がある分、どうしてもネット関連に対する知識は不足しがちで、やや敬遠してしまうかも知れませんが、何事もチャレンジすることが成長の原動力と考えて、積極的に取り組みの努力をしましょう。

　フェイスブック、インスタグラム、LINE などの SNS の活用を考慮していくべきでしょう。

むすび

「アキレス腱」は、ギリシャ神話に由来しています。

一見完璧な強者に思えても、本人も気が付かなかった弱点を持っているということです。

自覚されている自店の弱点については、事前に何らかの対策を講じることができますが、自店の強みと思っていた部分が、時間の経過と共に弱点となってしまうと、まさに「アキレス腱」です。

飲食業に於いては、人気商品だけに限らず様々な要素が、繁盛を支えている要因であることが多いと思われます。

繁盛店（強者）であるが故に見落としがち、忘れがちになりやすい致命的な落とし穴になるポイントをはっきりと認識し、対応策を用意することでリスクを回避し、より長く繁盛を継続させて行くことが可能となります。

　第4章では、繁盛ラーメン店を一例にいくつかのポイントをご紹介させていただきました。

　貴店が、今後もたくましく歩みを進めて行くためにも、また大きく飛躍するためにも参考となることを切に希望いたします。

付録 8

海外でラーメン店を開業するときの基礎知識

「ラーメン」、
その可能性。

海外で、日本にないラーメンが
次々と創作されている！

外国人から見て（日本人が見ても）、日本のラーメンは、醤油味・塩味・味噌味・豚骨味と、基本ベースの違いはもちろん、各種のご当地ラーメンや、有名店・繁盛店等のお店ごとでも「味」が異なって多彩です。

このような多種多様な発展を遂げている食べ物は、ラーメンの他にはあまりないでしょう。今や日本のラーメンは、漫画・アニメと同じようにクールジャパンの一つとなりました。

ニューヨークでは、もうすでに、「Ramen」として定着し、日本独自の味の表現であった「旨み」も、そのまま「Umami」で通用するようになりました。

スープ・麺・具材を容器に入れて、シェイクしてお客様に提供するスタイルのラーメン店も登場する等、様々な Ramen が登場しています。

日本人のラーメンに対する常識には全くとらわれない、新しい感覚のラーメンヌードルとして進化を遂げつつあります。

最近では、外国人の有名ラーメンフリークも現れ、雑誌でもレギュラーとして活躍したり、独自にラーメンサイトを立ち上げ、広く世界に日本のラーメン文化を伝える外国人の姿も見られるよ

うになってきました。

　このようにインターネット等の普及もあって、海外に最新の
ラーメン情報が瞬時に伝えられるようになったことも、ラーメン
文化の普及に大きく関わっていると言えるでしょう。

　以前は日本を代表する食べ物として、外国人が直ぐにイメージ
した日本食は、「寿司」「天ぷら」でしたが、今やそれに代わるモ
ノとして、ラーメンが注目されるようになってきました。

　日本でのラーメンの始まりには諸説はあるものの、すでに
１００年余りが経過しました。

　時代と共に、日本人の感性や、全国各地の風土に育まれ、ラー
メンも進化してきました。

　これと同じようにラーメンは海外でも、その国や都市の食文化
と融合しながら、様々な進化を遂げて行くものと思われます。

　このように、世界的なラーメン人気の広がりと共に、海外でラー
メン店を開業したいというニーズも高まってきています。

「1店舗目を海外で」も有望な時代に!

　一方、日本国内でのラーメン店の実状はすでに飽和状態であると言えます。いわゆる「こだわり」も出つくした感があり、「無添加無化調」「自家製麺」等のセールスフレーズも、その言葉だけでは集客要因には弱いです。

　このように各々のお店の差別化が難しく、都市型・郊外型等を問わず、ラーメン店の永続的な運営自体が難しく、国内で個人店として地道に営んでいくのも、ラーメンビジネスとして、多店舗化していくのも、たいへん困難な時代に入ったと言えるでしょう。

　その一方で、私が主催している Miyajima Ramen School の参加者の割合は、年々外国人の参加者の割合が増え、海外で開業を志す日本人の方も含めますと、国内の開業予定者を既に上回っています。今後もこの傾向が強まると思います。

どうして日本人は、海外でラーメン店を出さないのですか?

　中国・韓国・東南アジア諸国と、いずれもダイナミックに経済成長を遂げている地域の人達は、よくこんなことを言います。「とりあえず母国で一店舗が成功すれば、次は全国展開をします」「日本にはこんな美味しいモノ(ラーメン)があるのに、どうして日本人は海外に出ないのでしょうか」と。

　今まで「ラーメン」が、あまりに私達の身近にあり過ぎて、ラー

メンビジネスの可能性に気付く機会が少なかったのかもしれません。

　北米、南米、ヨーロッパにと広がっている Ramen ですが、特に、成長著しいアジアでの開業に、新たなラーメンビジネスの可能性を私は予感しています。

海外のラーメン店開業での前提とは？

考え方の転換

　海外でラーメン店の開業を目指すとき、まずは、商売の考え方の転換が必要になるでしょう。

　例えば、「味で勝負」は禁物でしょう。

「日本のラーメンはこれだ」という観念、押し付けは捨てることです。日本での開業も同じですが、その出店地域に応じて、ラーメン店のコンセプトを導き出してみることです。

　また、従業員教育の際にも日本人にはできても、外国人にはできない、という発想は捨て、根気強く、従業員の教育に取り組む姿勢が大切です。

言葉の壁を乗り越える

　次に、言葉の壁を乗り越えることでしょう。

　日本国内では、以心伝心が成り立つ場合がありますが、海外だとそうもいきません。

　通訳付き添いで、全ての開業準備を行う訳にもいかないでしょう。

　英語や他の言語には、精通しておく必要があります。

一例ですが、あるオーストラリアで開業を志した人は、現地の人達と話せるようになるために、とにかくラジオから聞こえてくる英語は全てノートに書き出したそうです。「すごく大変でしたが、半年くらいで英会話がモノにしました」とおっしゃっていました。

事前の情報収集

　出店先にと考えた国や、地域の情報を事前に収集することも不可欠でしょう。

　最近であればインターネットを活用することである程度の情報収集は可能です。実際に住んでいた人や、現地で暮らしている人から話を直接聞ける機会を自ら積極的に作るとよいでしょう。

　海外でラーメン店の開業を志すという挑戦をするのであれば、やれない理由を並べるよりも、やれることから不断として実行することでしょう。自分に新たな能力が身に就けば、自ずと新たな道が開けるものです。

開業する際、考えられる「リスク」とは？

資金力の多少

　もちろん、実際に海外での開業となりますと、それなりに資金力が必要となりますが、それは国内での開業も同じことと言えるでしょう。資金力が海外での開業に限っての絶対の条件だとは言えません。

「味」の再現性

　それでは、海外出店の際には、どんなリスクか考えられるのでしょうか。一つは、日本と同じ「味」にならないことがあります。日本では自分の納得できる「味」が作れたのに、いざ現地で作ってみると、麺もスープも、トッピング具材もまるで別物の味になってしまうということがあります。

食習慣や法律の違い

　宗教や習慣の違いから、口にしてはいけない食材があります。特に豚・牛はダメな場合が想定されますし、ベジタリアン（Vegan）の多い地域もあります。

161

さらに、出店地の知識不足によるリスクがあります。

　日本で働いたことのあるラーメン店を再現しようと、日本の厨房を参考にしてそのまま店を作ってしまうと、それが現地の法律や規制に反してしまう営業になるケースがあります。

リスクをどう
補う策とは？

実際に暮らしてみる

　それでは、それらのリスクをどう補うか。まずは、店を出す土地で一度暮らしてみることをお勧めします。私は、「国内がダメだから、海外に進出せよ」と、やみくもに申し上げるつもりはございません。

　リスクを軽減するための最も良い方法は、半年〜１年くらいの間、開業しようと考えた国のその土地で、実際に暮らしてみることです。

　実際に海外で初めてのラーメン店の開業を志す方達の多くは、その国や地域でしばらくの間かもしくは、数年間くらいは、住んでいたという経験のある方達です。

　いきなり本番で、日本から見知らぬ土地で開業するのは、あまりにも無謀です。しばらく意中の国や地域で、暮らしてみることで自分の五感で、その土地柄を理解することができます。

外国の友達とつくる

　あらかじめ、国内で親しくなった外国人にビジネスパートナーになってもらう方法です。

163

実際、私のところでも海外で初めてラーメン店をオープンさせますという方の中には、その国にビジネスパートナーが存在している場合があります。

　友達になるまでの経緯は様々ですが、その機会は仕事や趣味等を通じて様々な場面が想定できます。国内にいながらでも意識的に人脈を広げて行くことは可能でしょう。

　個人の第1号店のケースではありませんが、有名店・繁盛店等では自店の「味」のファンになった、外国のお客様から「この味で開業したい」との申し出を受け、それがきっかけで、パートナー関係を築き、第2・第3店舗をそのパートナーの出身国でオープンしたというケースも多く見受けられます。

調理の技術を持つ

　また、料理は幅広い知識に精通していることが望ましいでしょう。

　その国にない食材がある場合には、入手可能な食材で代用しなければなりません。日本の食材でなければ絶対に上手くできないということであれば、開業すること自体できません。

　豚・牛を使用せず、鶏のみを使用したラーメンづくりもできるようにしておきましょう。これは単に宗教対策だけではなく、鶏

164

ガラ類はどこの国や地域でも、安価で入手しやすい食材だからです。

　また、ベジタリアン向けのスープもマスターしておくと良いでしょう。

「ベジタリアン向けは、当店にはございません」という応対をすることで、お客様から差別ととらえかねられません。もちろん、ベジタリアン向けなのですから、動物系の肉や骨を使用せずに作るラーメンスープとなりますが、だからといって一般のお客様が食べて「こんなものか」と思われるものではなく、充分にコクのある、食べ応えのある「味」を開発しておくと、ベジタリアンの多い国や地域で開業した際には、それが自店の強みとなります。

調理道具

　リスクというほどではないのですが、海外で案外困る事柄として、現地で入手した調理道具と日本の調理道具の違いがあります。道具類は使い慣れた日本製のモノが一番良いものです。

　例えば、スープを濾すための網類などは、メッシュの微妙な違いでスープの味も変わってしまいます。用途に応じてメッシュの違う網を細かく用意しているのが日本製調理道具の特徴ですから、国内で開業準備をしている間に、調理道具は自分の目で見て

選んでおきましょう。

　やはり、国内で開業するときとは違うリスクが、海外出店の際にはあります。しかし、そうしたリスクへの対応こそ、起業の醍醐味なのです。

　その他にも、様々なリスクが考えられるでしょうが、リスクがあるという点では、海外での開業も国内での開業も、同じだと言えます。国内だから安心、絶対に成功できるという保証は、どこにもありません。リスクを乗り越えて行くのは、起業の醍醐味と前向きにとらえるべきでしょう。

海外で開業!
上海編・バンコク編

　今回は、すでに日式拉面が定着した中国の上海と、急成長東南アジアの親日派のタイのバンコクを例に取り上げて、実際に海外で開業するにあたって、具体的に説明していきましょう。

中国／上海

　上海では、かって一世を風靡したラーメンのフードテーマパーク施設が発展するなど、日式拉面として、既に日本のラーメンが、広く一般に認知されています。
『味千ラーメン』の快進撃は日本でもよく知られています。
　日本から大手のチェーン店や、有名店・繁盛店のラーメン店等が、暖簾分け等の形で上海にラーメン店をオープンさせています。また、現地の中国人によって日式拉面店として、オープンさせているケースもあります。今後もこの傾向が続くものと思われ、現地でのラーメンの人気の高さが伺えます。

タイ／バンコク

タイ／バンコク

　日本の皇室とタイ王室の親密さに代表されるように、東南アジアの中でも親日国であるということが、日本人にとっては安心感と親しみやすさを感じます。
　すでに日本でもお馴染みの『8番ラーメン』が先行して多数出店し、成功を収めています。これからもラーメンビジネスを展開するには有望な市場と考えられます。
　タイの人達は、日本もしくは日本文化への憧れ・親しみが強く、タイのあるテレビ番組では、一番好きな国はどこという内容の番組があり、日本が一番好きという答えが、男女ともに一番でした。また輸出相手国で日本は2位、輸入では1位です。
　さらに、漫画やコスプレも人気を集めています。全体がほぼ日系レストランというショッピングモールもあり、日本村・日本街という名前のレストラン街も現地にあります。

海外開業で、
必要な資金額は？

　実際の出店場所や地域特性によっても、かなり条件は異なりますが、それぞれの国に出店する際に、初期投資としてどのくらいが目安かをP170の表で簡単に示しておきます。

　それぞれ約30坪のスケルトン状態の賃貸物件を想定しました。

　イメージがしやすいように、単位を円で統一して表示しました。

　ちなみに、日本の地方都市の場合は、下記くらいでしょう。

● 家賃　（30万円）

● 物件取得費　（360万円～）

● 店舗工事費　（700万円～1,000万円）

● 厨房設備費　（約200万円～400万円）

上海での 出店にかかる 初期投資額	バンコクでの 出店にかかる 初期投資額
諸手続きの代行費用 及び実費。 （約300万円～ 600万円）	諸手続きの代行費用 及び実費。 （約30万円～）
家賃 （150万円）	家賃 （15万～30万円）
保証金 （500万円）	保証金 （約150万円）
店舗工事費 （800万円／ 日系業者の場合）	店舗工事費 （約400万円／ 日系業者の場合）
厨房設備費 （200万円～ 300万円）	厨房設備費 （約100万円）

※取材した2013年のデータを元にした金額。金額については、日本円で換算しました。
（2013年6月8日の為替レート　1バーツ=3.18円、1元=15.8円で計算）

海外での開業まで
の流れは？

　海外でラーメン屋を開業するまでの、大まかな流れをP175の図に示しました。国内でする準備と、海外の現地で始める準備があります。図の中の項目を解説していきます。

水質チェックの問題

　ラーメン以外の飲食業が海外で出店した際にも、水が違うので日本で出していた味になかなかならなく困ってしまうというケースがあります。ラーメンの場合にも「水」は、「味」作りの基本となるので、要チェックです。

　日本の水は、水道法の水質基準に適合していますが、国内でも地域ごとに水質が異なります。

　料理作りの際によく言われるのが、「水」の硬度でしょう。昆布・削り節系等の和風だし系のスープは軟水が良いとされ、肉・骨系のスープには、硬水が良いとされます。飲んでみて硬度くらいはチェック可能ですが、特殊な装置なしでは、個人が水質の全てをチェックするのは難しいでしょう。

　実際に海外で出店する場合の対策としては、やはり日本から高度処理の浄水器や、軟水器を持ちこんで、解決しているケースが多いようです。

■上海での場合

中国のほとんどの場所では硬水ですが、上海の場合にはその軟水度合いは、あまり高くありません。ラーメンのスープづくりや、製麺作業に極端な支障が出るほどではありませんが、ほとんどの飲食店では、浄軟水器を取り付けています。

■バンコクでの場合

タイ・バンコクの水も硬水です。タイの水質基準はFDA基準を参考に作られています。その基準項目によっては、日本より厳しい基準項目もあるようですが、やはりタイ人も、現地の日本人もそのままでは使っていないのが現状で、火を通して飲み水にしています。

食材等のルート確保について

■肉類とガラ関係

ラーメン作りに必要な、肉類とガラ関係についてですが、スープづくり用のガラ関係は日本国内の場合でも、地域によって入手可能なガラの部位と、そうでないガラの部位があります。必要な

ガラの部位を見つけても、そのガラの部位が定期的に入手できるかどうかをしっかりと確認しておく必要があります。常に確保できるガラの部位でのみラーメンスープづくりを行って下さい。

■乾物類

海外では、中国系の業者が乾物類を扱っているケースが多いようです。日本製の品物については、日本国内の信頼できる業者に現地の代理店等を紹介してもらう方法もあります。

■野菜関係

海外でラーメン屋を開業されている方々の野菜関係の仕入れは、現地の市場を利用されることが多いようです。野菜は日本のモノと同じように見えても、「味」が違っていることがあります。

例えば、玉ねぎも日本の場合には、臭い消しの効果と共に、甘みづけにも使用されますが、国によっては、玉ねぎを入れると辛みが増す場合があります。現地の野菜でラーメン作りに代用できるモノを探すのも良いでしょう。

■製麺の材料、その他

調味料関係等は、現地のスーパーマーケットや、中国系の業者が扱っているケースが多いようです。

日本のラーメン作りでは、現地で日本と同じような麺の再現性は重要でしょう。

　出店する国によっては、日系の製麺所がすでに進出している場合もありますが、そうでない地域では、中国系の製麺所が供給しているケースが多いようです。

　自家製麺をお考えの場合には、製麺に適した粉と、その他の添加物の入手ルートの確保が必要になります。

　国内で開業準備をしている段階で、信頼できる製麺機メーカー等にご相談されると良いでしょう。

■上海の場合

　上海での食材入手には、現地に日本の食材を扱っている業者が多数あります。

　また、市場等からの紹介で業者を探すケースも多いようです。現地には日本の製麺所も進出しています。

　自家製麺を検討される場合には、入手できる粉の種類には限りはあるものの可能です。また、かん水等の添加物の入手できます。

■バンコクの場合

　地元の市場で購入すれば安価での購入はできますが、衛生面を考えスーパーで購入しているラーメン店もあるようです。タイに

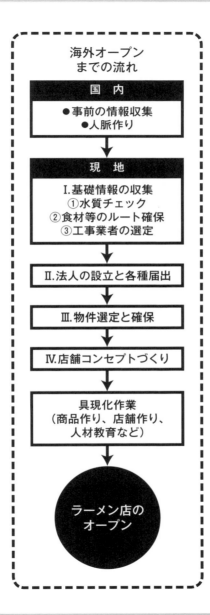

は日本のラーメン麺に似た麺がありますが、これにはかん水が入っていません。

　最近では日系の有名店も続々と進出し、それに伴って日系の工場で作った麺を製造販売しています。

　日系の有名店などは自社工場をタイ国内に作り、自店に供給しているお店もあります。

工事業者選定と確保について

　ラーメン店をどこの国や地域で開業するかによっても異なりますが、北米・ヨーロッパでは、現地の業者と綿密に打ち合わせた上で、工事を依頼した方が良いように思います。

　アジア地域では、店舗の工事業者は、大きく分けて現地の業者と、日系（日本人経営若しくは日本企業系列）業者の２つに分かれます。特に中国・東南アジアでは、現地業者は割安なのですが、何かとトラブルが多いと聞きます。工事代金が割高となりますが、日系企業に依頼した方が良いでしょう。

■上海の場合

　日系の業者に工事を依頼した場合には、約８万円／㎡と、やや高めです。地元の業者を使えば、約５万円／㎡と、価格はかなり

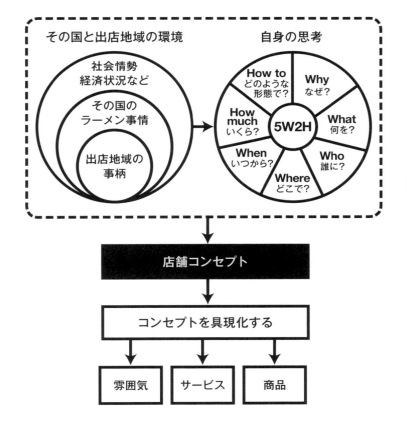

落とせますが、その一方では、工事が雑で、工期を守らない等、様々な問題が発生していますので、初心者にはお勧めできません。

■バンコクの場合

　店舗工事に日系企業を選定すると、やはり工事のコストは高くなりますが、特に紹介等のない地元の業者を選定した場合には、安い材料を用いながらも価格はそれなりの値段を要求してくるとのことです。

法人設立と各種届出について

　出店する国や地域にもよりますが、多くの場合には、現地で法人を設立した方が、営業許可や、従業員確保等の様々な場面で有利となることが多いようです。

■上海の場合

　現地で出店準備中の方々からお聞きしますと、「まずは法人を設立しないと、許可関係が下りない」と言います。
　現地で、法人の設立登記関係等を請け負う業者は多いのですが、外国人とのトラブルを起こすケースが多く、信頼できる国内の大手コンサルタント会社等に依頼した方がよいかもしれません。主

な代行項目としては、

・法人登記関係

・各種許可関係（環境許可、営業許可、衛生許可、消防許可の取得）

・税務登記関係

となります。

■バンコクの場合

　バンコクの場合でも、個人経営よりは、やはり法人を設立した方がよいでしょう。タイでは外国人事業法があり、サービス業の場合、タイの資本が51％以上でないとタイで従事できないことになっています。（※取材した2013年のデータ）

　また、外国人1名につき、タイ人4名の雇用が必要となります。

　法人の設立に関しては、タイ国内に代行業者がいます。その代行項目は法人設立登記・税務登記・ビザ切り替え・労働許可証取得・銀行口座開設などです。日本での保険所への営業許可届け出のように、タイのバンコクでは、区役所の環境衛生課に開業の届け出が必要となります。

物件選定と確保について

　ラーメン店も立地商売なので、よい物件で開業できるかできないかが、事業の成否の分かれ目となります。立地選びに妥協は禁物です。

　その国や都市では、どんな店舗選びの手段があるかをよく熟知した上で、納得のいくまで立地を探すようにしましょう。

■上海の場合

　共産圏でありながら、今の中国は超資本主義と言っても良いくらいでしょう。

「カネとコネさえあれば良い場所で営業できますよ」と、現地の日本人は言います。新聞等にも貸し店舗物件の情報はよく出るとのことですが、やはり穴場的な良い物件との出会いは、コネクションがモノを言うようです。

■バンコクの場合

　バンコクの不動産物件は、情報誌などでも探せます。また、現地での開業準備をされている方の中には、車での移動中や日常生活の中で通りがかった際に、空き物件を見つける場合もよくある

180

とのことのです。

　日本人向けフリーペーパーでは、居抜き物件などの情報が記載されていますので、これも物件を選ぶ選択肢になります。

　バンコクでは日系の有名ラーメン店の多くがショッピングモールや、レストラン街もしくは、バンコク内の日本人や欧米人が多く住む地域などで店舗展開をしています。

　タイでは、日本のような不動産契約時の礼金はありませんが、デポジット（保証金、敷金のようなもの）があり、家賃の2〜5ヶ月程度が必要です。また、日本と同じように物件を権利譲渡する場合もあります。

店舗コンセプトづくり

　出店場所が決まれば、これから出店しようとするラーメン店の店舗コンセプトをしっかりと考え抜くことが重要です。これを映画やドラマで例えるなら、原作が「ラーメン屋」で、脚本がコンセプトということになります。いくら原作が良くても、その映画やドラマが面白くなるもならないも脚本次第といえるでしょう。

　P177の図は、店舗コンセプト構築までの流れを示します。

　まずは、大きな視点から、出店先の国では「ラーメン」がどんな状態（位置づけ）のか、「最近、日本から来た食べもの」と認

知されているのか、「珍しい食べ物」なのか、ということから考えていきます。

　次に、その国でのラーメン業界の動向、もっともラーメン業界など日本に比べれば、まだ未成熟な状態とは思われますが、それでもその国にあるラーメン事象があるはずで、最近、日本のチェーン店が増えてきているとか、ラーメン屋はすでに多いが、日本人経営の店が少なくほとんどが中国系の経営者が営んでいる等です。今の時点で受けているラーメンの「味」等も見当する要素です。

　さらに、実際の出店する周辺の地域へと絞り込んで行きます。その地域の人達がどのような理由から、そのお店を利用するか、これらの要素を踏まえて、店舗コンセプトを考えてください。

　その際の検討に役立つ手法として、5W2H（Why・What・Who・Where・When・How much・How to）があります。

　これらの作業は、ご自身（もしくは関係者と）で、創り上げることが大切です。

　作り上げたコンセプトは、商品（味・メニュー構成・価格帯）、サービス、店の雰囲気、と、具現化できる要素へと落とし込んでいきます。（P185の図）

　このように、周到に店舗コンセプト構築していった上で、それでは自店はこの国のこの場所で、「ラーメン専門店として営んでいくのか」、「ラーメンを主体にした日本食レストランをオープン

させる」のか等を検討します。

　それによって、カウンター席主体なのか、テーブル席主体なのか、その両方か等を検討します。提供するラーメンとその仕込み方法によって、厨房の作りがまるで異なります。

　さらに店の平面図と共に、どんなサービスを、どのような形で提供するか、それによって時間ごとに必要な従業員数を割り出します。

　時間を費やして、充分検討されて練り上げられた店舗コンセプトでも、海外で（国内でも同様）末永く営んで行くために、状況に応じて自在に変化させていくべきでしょう。

　ドイツ国内に、Mosch Mosch Ramen というラーメンチェーン店があります。

　日本人観光客や日本のビジネスマンが、ここのラーメンを食べれば「これって日本のラーメン⁉」となってしまいます。確かに本格的な日本のラーメンと比べれば違った食べ物に感じます。

　Mosch Mosch Ramen がオープンした頃には、ドイツでは、まだまだラーメンが認知されていませんでした。

　また、麺とスープを一緒にすすって食べるスタイルの食文化がなかったです（今でもですが）。そんな中で、ラーメンを広めるために、まずは「日本から来た変わったパスタ」という形での展開をしました。狙い通り顧客から支持されドイツでも有名な日本

のラーメン系列店となりました。

　ビジネスの視点で考えれば、日本の本格的なラーメンに当初からこだわり続けていたのでは、事業の継続・維持・発展は望めません。

　これは、日本の60年代のナポリタンに似た現象でしょう。80年代以降からは、本格的なパスタが支持されるようになりました。これと同じように、市場に日本のラーメンを広く知ってもらう段階では、その国で受け入れられるやり方から始めるのが、正しい方法です。

　時代が流れて、今では日本のラーメンもドイツで徐々に認知され出しています。Mosch Mosch Ramenも、本格的に日本のラーメンをマスターして、続々商品開発を進めています。このように、時代の流れや状況の変化に応じて、店舗コンセプトは、常に変化させていくべきものなのです。

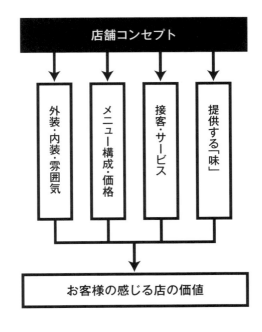

接客サービスは、日本式で！

　日本では当たり前になっていることが、海外の人達から見れば、素晴らしいということが多々ありますが、日本式の接客サービスは、正にそれなのです。

　日本文化のお招きする心からきていますが、これが従業員（現地の人達だけではなく、現地在住の日本人も含めて）に、周知徹底できるか、できないかが、日本式接客サービスを武器にできるかできないかの分かれ目となるでしょう。

　また、「おもてなしの心」は、接客時だけに通じるモノではありません。お客様にラーメンをお出しする前に、丼は必ず温めておく。冷やしラーメンなら事前に器を冷やしておく。トッピングは季節感や哲学を込めてキレイに盛り付ける等。

　これらの事柄が、中国系・韓国系のラーメン店には欠けがちの要素で、やはりクールジャパンならではでしょう。

　従業員教育の場面では、文化の違いであきらめることなく、根気よく定着させる努力が必要です。

■上海の場合

　上海では、九州豚骨系、醤油豚骨系、味噌味、醤油味の順で人気があるようですが、中でも圧倒的に豚骨が人気です。ラーメン一杯当たりの価格帯は日本円にして 500 円前後という感じです。（※取材時の 2013 年のデータ）

現地で開業準備をしている人達によると、ラーメンは、「麺を食べて、スープは残す」という感じで、日本人とはラーメンの食べ方がやや違っているように感じるそうです。

　今までは、「日本から来たラーメン」ということもあり、現地の他の食べ物より、やや高めの値段設定で集客していましたが、今後はより庶民的な路線や、逆に、つけ麺専門店のように専門特化して行く路線等、日本のラーメン業界のように多極化していく傾向にあるのではないかと思われます。

　ラーメン店に限らず、日本式の接客サービスは大変好評です。

■バンコクの場合

　バンコクに進出している日系のラーメン店は、豚骨系が多いのですが、バンコクに進出している『幸楽苑』では、当初予想で日本人が8割、タイ人が2割との見込みでオープンしました。

　しかし、結果はその逆で、日本人が2割でタイ人が8割ということでした。『幸楽苑』のラーメンは、「あっさり系」ですから、あっさり系も好まれているようです。

　バンコクに元々あった麺料理は、屋台形式で提供され、透明系のスープであっさりした味です。それにお客様が自分で直接、一味唐辛子・お酢・砂糖・ナンプラー等で、好みの味付けをして食べるスタイルが好まれています。

現地での日本のラーメン価格は、一杯当り約650円で、それに対して、タイ本来の屋台等の麺料理は120円〜130円程度です。

　なお、『8番ラーメン』は安いメニューで約200円、他は250円前後、『幸楽苑』は安いメニューで約300円。他のメニューは500円前後です。

　他の日本の有名店は650円前後では高いメニューで、約800円程度です。（※取材した2013年のデータを元にした金額。金額については、日本円で換算しました。2013年6月8日の為替レート　1バーツ＝3.18円、1元＝15.8円で計算）

　日系企業の飲食店チェーン展開しているようなお店では、従業員教育を徹底して行っています。簡単な日本語でも挨拶してくれます。このような、きちんとした挨拶や返事、お客様に料理をお出しするときのしぐさ等に、日本ブランドを感じてもられます。

目指せ！
新世代ラーメン店主

　北米地域では、以前は寿司店だったお店が、次々とラーメン店に入れ替わっています。そこで新たにラーメンビジネスを始めて成功しているのは、中国系や韓国系の人達です。これと似通った状況を世界各地で見聞きします。

　ある韓国系の経営者がこう言いました。

「日本のモノで、アメリカのやり方をすれば、世界で成功できる」と。

　かつて、日本人は組織の中で「個」の力を発揮してきました。それで成功を収めてきました。その組織の中では、失敗は許されない。失敗は悪いこと、失敗する奴は問題のある奴。かつては、そうだったのかもしれません。

　長引いた不況もあって、組織で働く人達だけではなく、「個」もまた失敗を避けるという思考・行動パターンがすっかり身に就いてしまっているように、私には感じられます。

　ラーメン店主は、まさに「個」なのです。

「個」は大いなるチャレンジャーであって欲しいものです。

　失敗をまったくせずに前に進める人間はいません。むしろ前に進んで行くためには、失敗から学びながら進んで行く必要があります。

　ラーメンが世界に広がって行くのであれば、日本の「個」の力で、広めていきたいではありませんか。

※取材した2013年のデータを元にした金額。金額については、日本円で換算しました。
（2013年6月8日の為替レート　1バーツ＝3.18円、1元＝15.8円で計算）

Profile

ラーメンプロデューサー
海千山千舎 代表

宮島力彩

Rikisai Miyajima

1965年大阪市生まれ、広告デザイナー 、経営コンサルタントを経て、自らも繁盛ラーメン店を経営。2001年より、ラーメン店専門コンサルタント業を始め、新規開業や不採算店の再建等を行う。この活動がマスコミで取り上げられる際、ラーメンプロデューサーという名称が始まる。現在、東京・大阪にあるラーメンスクールを通じて、国内外に多くのラーメン店主を輩出中。2017年からは、中国北京で日式拉面学院の講師も務め、「RAMEN」を通じて日本の食文化の世界的な普及にも務めている。これまでにテレビ出演等、専門書への執筆多数。

191

失敗しない
ラーメン店 開 業 法

発行日　平成29年9月29日　初版発行

著　者　宮島力彩

発行者　早嶋　茂

制作者　永瀬正人

発行所　株式会社旭屋出版

　　　　〒107-0052　東京都港区赤坂1-7-19キャピタル赤坂ビル8階

郵便振替　00150-1-19572

電話　03-3560-9065（販売）
　　　03-3560-9062（広告）
　　　03-3560-9066（編集）
FAX　03-3560-9071（販売）

旭屋出版ホームページ　http://www.asahiya-jp.com

●デザイン　冨川幸雄（Studio Freeway）
●編集　井上久尚
●印刷・製本　株式会社シナノ

※定価はカバーにあります。
※許可なく転載・複写ならびにweb上での使用を禁じます。
落丁本、乱丁本はお取り替えします。

ISBN978-4-7511-1304-2　C2034
©Rikisai Miyajima 2017, Printed in Japan